the Bat... myf ...hirmann...

...charged in the 16.th... ...me...

...his men...

Paris the 15.th...

ÉLÉMENS
DE STATISTIQUE,

Où l'on démontre, d'après un principe entièrement neuf, les ressources de chaque Royaume, État et République de l'Europe ; suivis d'un état sommaire des principales Puissances et Colonies de l'Indostan.

Orné de Cartes coloriées, représe   *n coup-d'œil, les forces physiques de toutes les s*   *opéennes.*

TRADUIT de l'anglais de Wᵃᵐ. PLAYFAIR.

PAR Dⁿ. Fᵒⁱˢ. DONNANT, de l'Athénée   ci   interprète dans les États-Unis d'Amérique, traducteur de   s de l'organisation sociale.

On y a ajouté un Tableau comparatif de l'étendue et de la population de tous les Départemens de la France, un Précis statistique des États-Unis d'Amérique, un Essai sur la navigation intérieure de ce pays, un Tableau des principales divisions du nouveau continent, un aperçu des marchandises et denrées qui conviennent le mieux au commerce des Républiques Française et Américaine, etc. etc.

A PARIS,

Chez { BATILLIOT jne., Libraire, rue Hautefeuille, N°. 34.
GENETS jne., Libraire, rue de Thionville, N°. 1846, près le Pont-Neuf.

AU

CITOYEN CHAPTAL,

MINISTRE DE L'INTÉRIEUR.

CITOYEN MINISTRE,

APPELÉ par votre réputation et vos talens, à un ministère que vous exercez à la satisfaction générale, à qui pourrais-je mieux offrir qu'à vous, un ouvrage qui traite des élémens d'une science que vous avez avancée, soit par vos travaux et vos lumières, soit par les encouragemens que vous avez donnés à ceux qui s'en occupent d'une manière utile pour la chose publique ?

a

Persuadé que la Statistique est une des bases fondamentales de la grande politique, vous avez senti, combien il importait de fixer l'attention sur cette étude encore nouvelle ; vous avez senti que ses résultats devaient nécessairement agrandir les idées, étendre le domaine de la diplomatie, et ramener les bons esprits au véritable point d'où ils n'auraient jamais dû s'éloigner. En effet, si les abstractions politiques qui ont fait tant de ravages en Europe, et qui ont eu quelque-tems une influence si marquée sur le sort de certains états, si ces abstractions, dis-je, eussent été essayées au creuset de la statistique, il n'eût pas été difficile de s'appercevoir qu'elles étoient plus brillantes que solides, et que la nature des choses rendait leur application, sinon impossible, au moins préjudiciable au repos et au bonheur des grands Etats.

Oui, citoyen Ministre, si cette science a été aussi cultivée et aussi encouragée en France depuis douze ans, il faut rapporter l'attention qu'on y a donnée, aux progrès des lumières et aux épreuves difficiles par lesquelles nous avons passé: aux progrès des lumières; parcequ'on s'est apperçu que des hommes supérieurs

par leur génie et par leur éloquence, faute
des connaissances statistiques, avoient erré
sur le vaste territoire de la politique, sans y
tracer de route sûre, et sans pouvoir faire
profiter leurs concitoyens de leurs découvertes : aux épreuves difficiles par lesquelles
nous avons passé ; parce qu'après avoir
essayé à nos dépens les systêmes chimériques
des différentes formes de gouvernement, nous
en sommes enfin arrivés à cette conclusion,
qu'il n'en est pas de meilleure, que celle qui
repose sur la propriété et l'égalité civile (1),
bases immuables de tout Etat bien organisé.
Si quelques auteurs justement célèbres, dont
l'imagination exaltée et le style enchanteur
entraînaient les esprits, se sont égarés en

(1) Ce mot ne sera pas entendu de tout le monde; et
on confondra l'égalité civile avec l'égalité absolue ;
cependant il y a tant de différence entre l'une et l'autre,
que la première exclut la seconde; que celle-là est
fondée sur la raison, et l'ordre des choses, tandis
que celle-ci n'est qu'une chimère démagogique. Enfin
l'égalité civile est le produit d'un bon gouvernement,
quelle que soit sa dénomination; et l'égalité absolue
ou entière n'est que momentanée, et finit toujours
par l'anarchie.

défendant la plus belle des causes, celle du peuple; on ne doit attribuer ces égaremens qu'à l'ignorance des premiers élémens de la saine politique (1), qu'au défaut de savoir calculer les faits qui caractérisent une nation, avec les combinaisons méthaphysiques que l'on peut faire pour améliorer son sort.

Remonter à l'origine des premières sociétés pour établir une constitution et des lois qui puissent convenir à une population de trente millions d'habitans, vouloir ramener les hommes des siècles de lumières aux premiers âges du monde, prétendre trouver dans ces tems d'isolement et de barbarie des règles de conduite pour un peuple asservi par les délices de la vie sociale, enfin comparer l'existence de l'homme sauvage avec celle de l'homme ci-vilisé, n'est-ce pas plutôt prouver le pouvoir de l'éloquence, que de traiter sérieusement la plus grande question politique? n'est-ce pas plutôt faire un tour de force littéraire (que l'on me passe l'expression) que de s'occuper sé-rieusement des véritables intérêts du peuple?

_____

(1) Ce sont la Statistique, l'Économie-politique, et la Diplomatie.

Non seulement il n'est pas à desirer pour la société qu'elle revienne à cette ignorance et à cette vie sauvage qui caractérisent les premiers siècles de l'espèce humaine; mais c'est que tous les vœux que l'on pourrait faire à cet égard sont heureusement vains et superflus; et que la nature des choses, plus puissante que toutes les spéculations philosophiques, s'y oppose d'une manière irrésistible.

Ce n'était donc pas à des déclamations contre la vie sociale, qu'il fallait se livrer, pour réformer les institutions vicieuses des nations civilisées: ce n'était donc pas en examinant quels pouvaient être les avantages des premiers peuples épars sur la surface de la terre, que l'on pouvait prétendre trouver les moyens d'améliorer l'état social des hommes du dix-huitième siècle.

Un territoire fertile, une population nombreuse, un commerce florissant, une agriculture encouragée, les sciences et les beaux arts honorés, les manufactures protégées, des forces respectables, des lois sages, des chefs justes et éclairés, une égalité de droits bien entendue : voilà ce qui constitue un peuple heureux dans l'ordre des choses actuelles. N'en doutons pas, ctioyen Ministre, la Statistique encore peu connue servira un jour de boussole à tous les écrivains politiques. On abandonnera le vague idéal pour rentrer dans les limites des calculs certains. Alors il ne suffira pas de savoir écrire, pour s'ériger en censeur de l'organisation sociale , il faudra faire coïncider les nouvelles idées qu'on aura conçues pour le bonheur d'un peuple, avec sa situation politique et morale, avec les moyens de réforme qu'il présente , avec son caractère , ses mœurs , ses habitudes ; avec ses forces physiques, ses ressources pécuniaires ; avec ses institutions primitives, ses opinions reli- gieuses ; enfin , il faut le dire, avec ses préjugés mêmes. (1) Tels sont les principes que l'on puise dans la science que le gouvernement français protège, que vous encouragez, et que tous les bons esprits se plaisent aujourd'hui à cultiver. Un auteur aussi judicieux que savant, (2) vient à l'appui de cette opinion. Il remarque

(1) Cette dernière assertion paraîtra peut-être à quelques personnes un paradoxe ; mais , en l'examinant de plus près, on verra que le plus sûr moyen de détruire les préjugés est de composer d'abord avec eux.

(2) M. Sinclair.

« que la plupart des tentatives qui ont été faites pour réformer la constitution et les lois dans divers pays et à des époques fort différentes, n'ont presque jamais réussi, soit qu'elles aient eu pour auteurs des philosophes célèbres , soit qu'elles aient été faites par des princes bien-fésans. Eh! comment pourroit-on en être sur-pris , s'écrie-t-il , en parlant des premiers. Autant vaudrait-t-il voir un ignorant présomptueux prétendre élever un édifice magnifique et colos-sal, qu'un philosophe entièrement étranger aux scènes de la vie active, former un systême combi-né pour l'état et l'ordre actuel de la société. »

« Mais, peut-ons' attendre qu'un plus heureux succès couronne les efforts des princes qui tentent de réformer les institutions de leurs pays, et d'améliorer la situation de leurs sujets, si les premiers n'ont pas pris la peine d'acquérir les connaissances nécessaires à cet effet ? N'est-ce pas travailler dans les ténèbres , et s'exposer à faire plus de mal que de bien ? et n'est-il pas évident que, faute d'être instruits des détails qui ont rapport aux changemens qu'ils se proposent de faire, il leur est impossible de juger des avantages et des inconvéniens du nouveau plan qu'ils préméditent. Il arrive donc souvent que les résultats viennent tout autrement qu'on ne s'y attendait. De là naissent ces froissemens imprévus qui détruisent en un moment les combinaisons les plus sages , et changent les réformes les plus salutaires en une situation anarchique qui expose l'état à une dissolution entière ».

Une expérience longue et encore récente a jeté un tel jour sur ces grandes vérités, qu'il ne reste plus aucune incertitude à cet égard.

« Tous les souverains, et les réformateurs éclairés et prudens, avant de proposer aucun changement dans la législation de leur nation, feront désormais les recherches les plus exactes sur la situation de leur pays, ils s'instruiront des faits qui le caractérisent , des rapports qui le lient avec les autres peuples : ils voudront connnoître les ressources physiques de son territoire, la nature et les diverses productions de son sol , le total des biens , et la propriété personnelle de ses habitans , les différentes occupations des individus, le nombre et la condition des pauvres, le degré d'instruction auquel est arrivée la grande majorité des citoyens, la quantité des établissemens publics, leur situation intérieure, l'état des villes et villages ; enfin le caractère, les habitudes, les mœurs, les principes religieux des peuples au bonheur desquels ils auront le projet de travailler. »

Car, il ne suffit pas à un gouvernement, ainsi que l'ont avancé nombre d'écrivains, d'ailleurs fort estimables, de s'occuper des guerres, de la politique étrangère, de la fixation des impôts, du règlement des dépenses, du maintien de l'ordre, etc. etc. Il doit s'étudier à perfectionner tous les rouages qui composent la grande machine qu'il s'est chargé de diriger, il doit en examiner attentivement tous les ressorts, augmenter ceux qui sont trop foibles, diminuer ceux qui sont trop forts, tendre ceux qui sont relâchés, donner plus de jeu à ceux qui sont trop tendus.

« Et en effet, dit M. Sinclair, si nous raisonnons par analogie, ne voyons-nous pas qu'un riche propriétaire, lorsqu'il veut améliorer sa situation, commence par prendre une connaissance exacte de l'étendue de ses possessions, de la qualité de son sol, de ce que ses terres peuvent produire, des dépenses qu'elles exigent, de la meilleure méthode de les cultiver, etc. etc. Pourquoi un gouvernement seroit-il dispensé d'acquérir des connaisances dont un simple particulier ne saurait se passer pour bien administrer son domaine? On objectera peut-être que les anciens n'ont point connu la Statistique, cela est vrai: au moins rien n'indique qu'ils aient cultivé cette science. Aussi ont-ils commis souvent les erreurs les plus grossières en matière politique. Il est donc évident que nul souverain ou chef d'une nation ne saurait améliorer l'état social d'un pays et la condition de ses habitans, sans entrer dans les détails de cette nature; c'est le seul moyen qui puisse le mettre à portée de prévoir et de surmonter les obstacles qui se rencontrent dans le perfectionnement d'une grande administration. »

Cette vérité, une fois bien démontrée et bien sentie, écarte de la lice politique cette foule d'hommes à systêmes, de têtes chaudes, d'innovateurs pétulans, de brouillons diplomatiques; cette foule de zoïles des gouvernemens existans, qui ressassent d'anciennes vérités au milieu de leurs erreurs et de leur critique, et qui, par leurs écrits aussi imprudens que superficiels, troublent la tranquillité publique, et sapent les fondemens de la constitution de leurs pays.

N'est-ce pas encore là un des bienfaits que promet la Statistique ; et celui-là, je vous le demande, citoyen Ministre, ne doit-il pas être regardé comme un des plus grands et des plus solides de ceux qu'elle versera sur la société ?

Des événemens, dont le souvenir est encore présent à notre mémoire, nous apprennent à estimer ce bienfait toute sa valeur. Non, ne craignons pas aujourd'hui de le dire ; si, dans un tems d'anarchie, où l'on confondait les opinions des plus célèbres publicistes avec les idées bizarres et ridicules de quelques meneurs populaires, qui, à l'aide de sophismes aussi faux que dangereux, s'emparaient de l'opinion publique et la dirigeaient à leur gré ; si, dans ces tems de calamités, dis-je, on eût pu rassembler le peuple et lui faire entendre la voix de la raison, que de maux et de crimes n'eût-on pas évités ! Le calcul le plus simple aurait suffi

pour lui prouver qu'on l'abusait par des pro-
messes aussi folles que vaines.

Ainsi, par exemple, quand on prêchait
l'égalité absolue des richesses parmi les citoyens,
on eût pu lui dire : voyez combien on vous
trompe, puisque les revenus de l'Europe
entière ne suffiroient pas pour enrichir également tous les individus d'une nation composée de trente millions d'habitans, etc. etc.!!!

Espérons donc que, lorsque la Statistique
sera cultivée dans toutes les classes de la
société, susceptibles de quelqu'étude, elle recti-
fiera les idées fausses qu'on a pu se former sur
la politique ; qu'elle convaincra les bons citoyens que les grands états ne sauraient être
gouvernés dans les formes qui conviennent
aux petits ; qu'ils ne doivent donc pas s'étonner que dans une machine dont les rouages
sont compliqués, il s'opère des froissemens
qui paraissent durs, mais qui sont presqu'iné-
vitables, et sur lesquels l'intérêt général doit
faire fermer les yeux.

A-t-on pu lire le dernier rapport du citoyen
Daru, sans apprécier les grands avantages que
présente la science dont nous parlons ? Les ré-

sultats qu'il a obtenus de ses calculs sont des plus satisfaisans, tout à la fois pour le repos de la nation française, et, on peut le dire, pour la tranquillité de l'Europe.

En effet, quel gouvernement assez déraisonnable oserait attaquer une nation qui peut avoir habituellement un million de braves pour la défendre; une nation qui, dans les circonstances les plus difficiles, avait plus de troupes à ses ordres que les états les plus formidables de l'Europe, coalisés contre elle; une nation enfin qui peut armer six millions d'hommes à la fois?

Il me reste à vous dire quelque chose de l'ouvrage dont vous avez bien voulu accepter la dédicace. Ce n'est pas une *Statistique générale* que j'ai prétendu donner, ce sont des élémens mis à la portée de tout le monde. Ceux qui prendront la peine de lire ce volume, y trouveront tout ce qui constitue les premiers principes de la science. C'est une espèce de manuel destiné à présenter des résultats, et à offrir, au premier coup-d'œil, l'ensemble et la situation comparative de chaque état, royaume, et république de l'Europe. En un mot, c'est une introduction à la science, ainsi que le titre l'annonce.

Citoyen Ministre, tous mes vœux seront remplis si l'ouvrage que j'offre au public peut mériter votre suffrage, seconder vos vues éclairées, et prouver au gouvernement et à mes concitoyens que rien ne peut m'être plus cher que leur estime et leur bienveillance.

J'ai l'honneur d'être avec le respect et la considération qu'inspirent votre nom et vos talens,

Votre très-dévoué concitoyen

D. F. DONNANT.

AVERTISSEMENT
DU TRADUCTEUR.

L'ATTENTION que l'on donne généralement, depuis quelque tems à la statistique, m'a fait penser que l'ouvrage que je viens de traduire serait favorablement reçu du public. Il a deux grands mérites, suivant moi, celui d'être court, et celui de représenter, d'un coup-d'œil, par des tableaux, l'analyse de tout ce qu'il contient. Parler aux sens et à l'esprit tout à la fois, c'est le plus sûr moyen de faire impression sur la mémoire; c'est donc la meilleure méthode pour enseigner une science difficile.

La plupart des ouvrages qui ont paru jusqu'à ce jour sur la Statistique, sont si volumineux, que ceux qui ne sont point initiés dans cette étude, en redoutent la lecture, persuadés, d'avance, qu'elle les fatiguera beaucoup, sans les dédommager, par des résultats clairs et instructifs.

Le seul moyen d'attirer des partisans à cette science utile, mais trop peu connue, était de faire un ouvrage qui fût à la portée de presque toutes les classes de la société; c'est là le but que s'est proposé Williams Playfair : c'est au public à juger jusqu'à quel point il l'a atteint. Dans cette circonstance mon jugement pourrait être récusé, je m'abstiendrai donc de tout éloge.

Je dois prévenir que les changemens poli-

tiques qui se sont opérés en Europe depuis la
publication de ces élémens, ne sont point
insérés dans le corps de l'ouvrage ; mais je les
fais remarquer dans des notes qui sont placées
au-dessous de chaque article qu'ils concernent.

Quant à la France, je l'ai présentée telle
qu'elle est aujourd'hui, laissant cependant
subsister sur les cartes la dimension que Playfair lui a donnée, afin que le lecteur soit à
portée de juger du prodigieux accroissement
qu'elle a reçu par ses conquêtes dans la dernière
guerre (1). Si la Pologne qui est aujourd'hui
effacée du rang des états, figure au nombre
des royaumes de l'Europe ; c'est qu'on a pensé
que c'étoit le moyen le plus facile pour faire
connaître au lecteur toute l'importance des
acquisitions qu'ont faites la Russie, la Prusse
et l'Allemagne, en se partageant cette puissance.

---

(1) Voici l'apperçu qui en a été publié dernièrement.

	Milles carrés	Habitans.
La Savoie.	180.	411,700.
Le Comté de Nice..	52.	93,366.
Avignon, le comtat Venaissin.		
et la Flandre hollandaise.	40.	200,500.
Maestricht et Vanloo.	36.	90,500.
La Belgique.	538.	1,880,000.
La rive gauche du Rhin.	652.	1,658,500.
Genève et son territoire.	5.	40,000.
Mulhausen.		7,200.
Mont-Terrible.	120.	
Totaux.	1,623.	4,381,766.

On

On voit qu'une grande étendue de territoire, une population nombreuse, un sol fertile, des habitans courageux même ne sauroient sauver de la ruine un état dont la constitution est vicieuse, le trône chancelant, et où les lois sont sans vigueur. Quelle leçon pour les peuples que le sort actuel des Polonais (1)!

Il seroit superflu de parler ici de toutes les augmentations que j'ai faites à l'ouvrage de Playfair. Je dirai seulement qu'il m'a paru convenable de donner à l'article de la France plus de développement, qu'à ceux des autres pays. J'ai dressé un tableau comparatif de l'étendue et de la population des départemens de la république, et pour cela je me suis servi des derniers récensemens qui ont été publiés. On remarquera avec plaisir qu'ils présentent un accroissement de population assez considérable.

_____

(1) Le partage a été fait de la manière suivante :

La Russie a pris pour sa part la Courlande, la Samogitie, la Lithuanie, la Volhinie, et la Podlachie. On estime qu'elle a gagné 9250 lieues carrées de terrain et 5 millions d'habitans.

Il est revenu à la Prusse les provinces de Posnanie, Kalish, Varsovie, Bialistock, Ploizko, ces acquisitions sont évaluées 7,900 lieues carrées, et leur population portée à 2,500,000 habitans.

Le pays échu à l'Autriche est le territoire sur la rive droite de la Vistule depuis la Silésie, jusqu'au dessus de Sandomir et de l'embouchure de la San, et qui va jusqu'au Bug; de là il prolonge les frontières de la Russie rouge jusqu'à Zabran près de la Vhinie et de la Podolie; et du Zabran, il s'étend jusqu'au Niester, pays qui comprend le Sbrytz et une partie de la Podolie.

C'est une indication toujours certaine de la prospérité des peuples.

J'aurais donné plus d'étendue au précis statistique des Etats-Unis d'Amérique, si je n'eusse désiré le proportionner aux autres articles de l'ouvrage. Mais le tableau que j'y ai joint suffira pour donner une idée des progrès étonnans de cette république du nouveau monde qui compte à peine 24 années d'existence, et dont la population dans ce court intervalle a presque triplé. Il n'y a pas d'exemple d'une progression aussi rapide, dans aucun pays de l'ancien continent.

Je n'ai pas parlé des colonies françaises ; parce que nous n'avons pas de renseignemens assez positifs sur leur situation actuelle, pour en donner le tableau statistique, et qu'en différant quelques années, elles offriront des résultats qu'on s'empressera de publier.

Mon dessein, en faisant imprimer cet essai, a été de propager une science nouvelle. Je m'estimerai heureux, si, après avoir lu mon livre, on dit : j'y ai appris quelque chose d'utile. Dans ce siècle, quoiqu'extraordinairement fécond en écrivains, il y a si peu d'ouvrages dont on puisse en dire autant, que chercher à grossir ce petit nombre doit être un titre à l'indulgence.

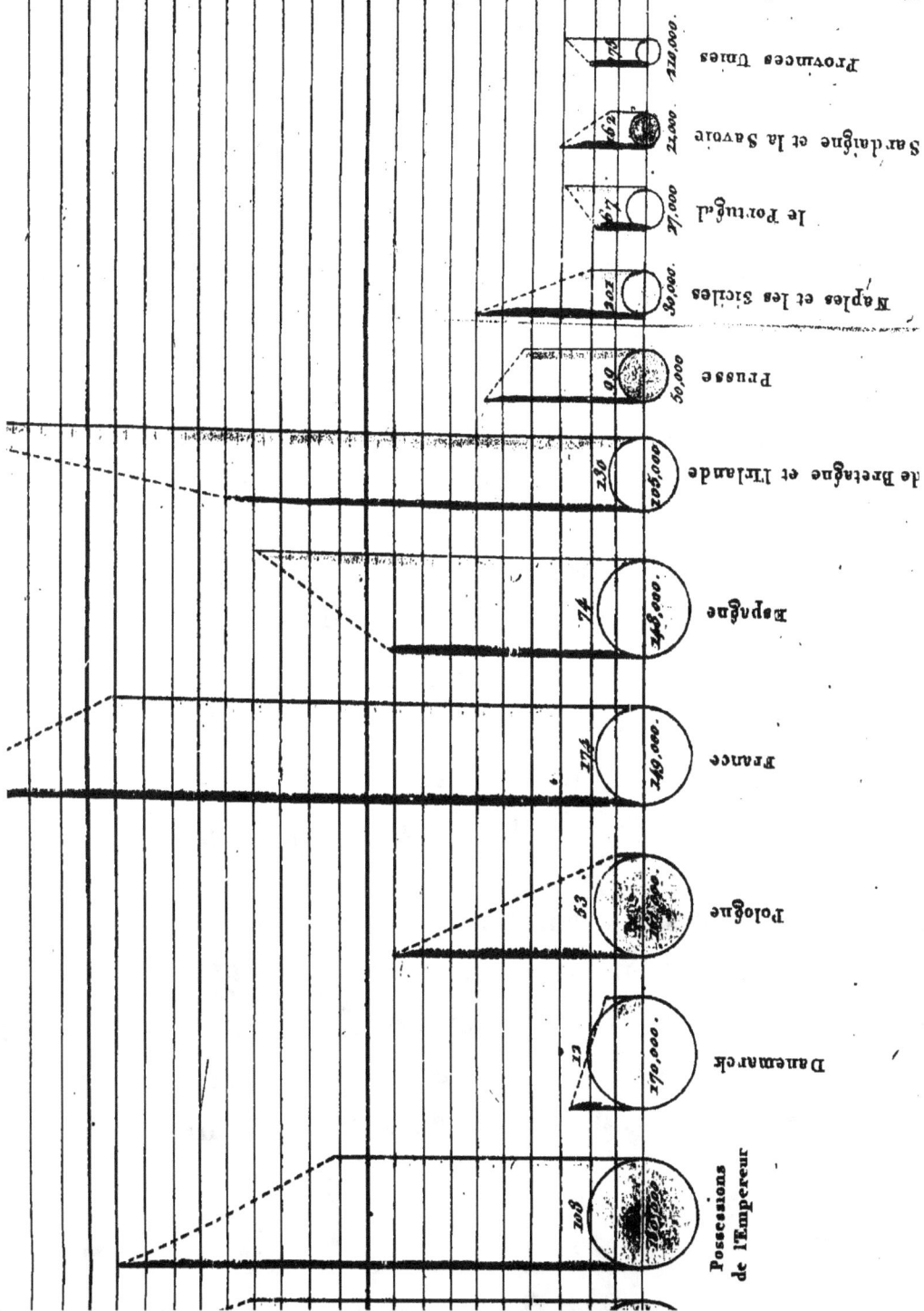

Provinces Unies

Sardaigne et la Savoie

le Portugal

Naples et les Siciles

Prusse

de Bretagne et l'Irlande

Espagne

France

Pologne

Dannemarck

Possessions
de l'Empereur

11,000   73
24,000   62
17,000   67
30,000   202
50,000   88
205,000   280
248,000   74
249,000   114
53
270,000   11
208

PRÉFACE

DE L'AUTEUR.

————

Invité par l'éditeur des Tables Statistiques de M. Boétticher, de chercher une méthode de les faire servir jusqu'au tems présent, sans faire tort à l'ouvrage original, je proposai de faire une table supplémentaire qui comprendrait tous les pays qui ont éprouvé des changemens, depuis la publication de l'ouvrage. Je fis donc le supplément dont je viens de parler; et quand il fut terminé, je le fis publier à la suite du livre de M. Boétticher.

Mais, tandis que j'étais occupé à cet ouvrage, je m'apperçus que ces sortes de tables n'étaient pas le meilleur moyen pour enseigner les élémens de statistique, à moins qu'on ne pût faire connaître à la fois un grand nombre de pays divers. Lorsque le lecteur veut étudier chaque État en particulier, ces tables générales ne servent qu'à l'embrouiller; et le grand format qu'on est obligé de leur donner, est encore un inconvénient pour un ouvrage auquel on est souvent obligé de recourir.

D'ailleurs j'ai toujours été persuadé qu'on ne devait pas faire entrer dans un ouvrage de statistique des faits historiques, ni rien qui soit étranger aux dates et aux calculs qui font la base de cette science. Le nombre d'individus qui forment la population d'un pays, l'étendue de son terrain, la quotité de ses revenus, ses forces de terre et de mer, les divers prix du travail etc. voilà les objets principaux qui appartiennent à la statistique : mais la description des différens ordres d'un Etat, l'histoire de ses guerres ne conviennent point à un ouvrage de cette espèce.

C'est donc vouloir enfler inutilement un ouvrage de statistique que de le remplir de faits et de choses étrangers à son objet.

C'est d'après ces principes que j'ai entrepris l'ouvrage que je présente au public; cependant je n'y aurais peut-être jamais songé, si je ne me fusse apperçu qu'en fait de calculs et de proportion, le plus sûr moyen de frapper l'esprit, est de parler aux yeux.

Quoiqu'on se soit occupé de cette science, dans les premiers siècles du monde, il n'y a guère plus de cinquante ans, qu'on en a fait l'objet d'une étude régulière. Il est évident qu'elle est de la plus grande importance pour tous les hommes d'état ; elle est aussi utile pour tous ceux qui désirent acquérir des connaissances solides en politique , et qui veulent écrire sur les gouvernemens.

La géographie a toujours été considérée comme nécessaire aux personnes des deux sexes qui veulent passer pour instruits ; et c'est au point qu'après l'ignorance des principes de sa propre langue, rien ne prouve mieux le défaut d'éducation que de ne pas savoir la géographie. Faute de cette science , il est presqu'impossible de soutenir une conversation sérieuse.

La géographie n'est cependant qu'une branche de la statistique. Cette science est donc indispensable pour bien entendre l'histoire, et pour connaître la situation respective des peuples. On ne trouve rien d'aussi imparfait dans l'histoire ancienne, et même dans celles des derniers siècles, que ce qui concerne la statistique des états. Les historiens de l'antiquité, et ceux qui ont écrit l'histoire moderne , nous parlent bien de la levée de grandes armées , et des exploits qu'elles ont faits, mais ils ne disent rien de l'état des finances des rois, et des moyens qu'ils employaient pour soudoyer leurs troupes. Il y a très-peu de tems qu'on a reconnu l'importance de cette science, et qu'on y a donné l'attention qu'elle exige. Jusqu'alors nous avons ignoré beaucoup de parties fort essentielles à connaître, pour pouvoir établir avec succès, une comparaison entre les anciens états et la situation présente des diverses puissances du monde.

Les hommes mûrs doivent avoir recours à la statistique comme à un dictionnaire, les jeunes gens comme à une grammaire qui servira à leur enseigner les rapports et les proportions des objets d'économie politique (1). On ne saurait s'attacher trop tôt à cette science utile, c'est dans l'âge où la mémoire et l'esprit sont le plus capables de recevoir des impressions fortes et durables, qu'il faut poser les fondemens de cette connaissance, que l'on

---

(1) Les auteurs statisques convaincus de l'impossibilité de s² procurer un dénombrement exact des individus vivans, se sont réduits à compulser les registres de naissances, mariages et morts, etc. Ils ont fait des

peut regarder comme une des plus solides, et dont on peut tirer le plus d'avantage.

Du moment qu'on reconnaît généralement l'utilité de cette science, il est à désirer que l'on s'attache à lui faire faire des progrès, et que l'on cherche à la rendre accessible à tous les esprits.

On a donné dans l'introduction les motifs qui ont déterminé à adopter une nouvelle méthode qui consiste à représenter la grandeur des différens états par des cercles proportion-

règles de proportions qu'ils ont vérifiées à différentes reprises, et qui se sont trouvées assez justes.

Voici plusieurs résultats assez intéressans :
Williams M.*** a calculé qu'à Londres il y avait une naissance sur 32 individus.

En Angleterre, . 1 sur 30.
En France, . 1 sur 26.
A Paris, . 1 sur 30.
A Philadelphie, . 1 sur 22 ½.
En Europe, . . 1 sur 25.
A Amsterdam les naissances sont aux mariages comme 1 est à 1.
Copenhague, . 3 est à 1.
Vallais, . . 3 ¼ à 1.
Paris, . . 3 ⅕ à 1.
Massachusset, . 6 ¼ à 1.
Europe, . . 4 ¾ à 1.
Amérique, . . 5 ⅔ à 1.
Dans l'ordre ordinaire un mariage produit
De 114 descendans.
161
122 suivant le pays.

Morts.
A Dublin, . . 1 sur 21.
A Rome, . . 1 sur 23.
Amsterdam, . 1 sur 24.
Morts.
Philadelphie, . 1 à 43.
Europe, . . 1 sur 33.
Amérique, . . 1 sur 47.

Naissance aux Morts,
*selon l'abbé d'Ep****
En Amérique, 2 à 1.
Amsterdam, 119 morts.
pour . . . . 100 naissances.
France, . . 100 naissances
pour . . . . 76 morts.
Paris, . . 100 naissances
pour . . . . 99 ½ morts.

nés ; et l'avantage de cette méthode a frappé toutes les personnes qui ont vu nos cartes.

Lorsque la première fut finie, et qu'on la montra, tous ceux qui la virent, avouèrent qu'ils n'avoient point auparavant d'idée exacte de l'étendue des divers pays qu'elle représente. La raison en est toute simple ; comme ce n'est pas sans difficulté que la mémoire conserve l'impression des différentes quantités exprimées par des mots ou par des chiffres, beaucoup de personnes ne prennent pas la peine de les retenir. Et même, pour ceux qui les apprennent, il faut qu'ils fassent un effort de mémoire, chaque fois qu'ils veulent se les rappeler. Il en est bien autrement avec la nouvelle carte que nous offrons, car l'œil ne peut pas les fixer sans comparer presqu'involontairement les diverses grandeurs du globe ; desorte que ce qui, suivant l'ancienne méthode, offrait quelque difficulté , devient si facile, qu'il est impossible de ne pas le saisir.

« Ce qui se présente clairement à l'esprit, l'éveille , et lui fournit matière à penser et à raisonner ; au lieu qu'il arrive souvent qu'en apprenant un certain nombre de faits détachés, l'esprit est purement passif et ne fait plus aucun effort pour les retenir. Il serait presqu'impossible à un homme doué de quelque degré d'intelligence de fixer la première carte sans être frappé de la grandeur de la Russie et de la Turquie, sur-tout si l'on compare ces deux pays avec eux-mêmes dans des temps plus reculés.

Il y a cinq cents ans, à peine la Russie comptait-elle pour quelque chose; elle n'était pour rien dans la balance politique de l'Europe. On ne peut donc contempler ces nouvelles cartes sans qu'une foule d'idées se présentent à l'esprit, et sans en tirer des conséquences auxquelles on ne se seroit pas attendu.

L'homme réfléchi, qui médite sur le rôle important qu'a joué la petite République de Hollande, tandis que la Russie était encore enterrée, pour ainsi dire, dans les glaces d'un éternel hiver, conclura que, si, jamais le peuple des différens pays qui forment ce grand empire, parvient à un degré de civilisation et d'intelligence semblable à celui de quelques petits états de l'Europe, alors ceux-ci doivent perdre nécessairement l'ascendant qu'ils avoient acquis; et qu'en général, toutes les nations qui parviendront au même degré de civilisation et de connaissance, par rapport aux arts, verront l'échelle de leur importance éprouver une grande variation. Aussi s'appercoi-ton qu'elle change tous les jours; parce que la civilisation à fait de grands progrès dans diverses parties de l'Europe, depuis un siècle. Et comme ces changemens sont fondés sur une base solide, ils se sont succédés avec une rapidité sans exemple.

La Hollande, qui était une puissance prépondérante, dans le commencement et pendant une grande partie du dernier siècle, comme si elle eût existé depuis long-tems, est entrée dans l'avant-dernière guerre dépouillée de son influence et ne jouant que le rôle de puissance auxiliaire de la France et de l'Espagne. Elle ne conserva pas même long-tems ce rang, tout inférieur qu'il était; car, ayant consenti à devenir l'instrument de la faction française, elle fut réduite en très-peu de jours à l'obéissance par le roi de Prusse, qui se conduisit avec elle comme il auroit fait avec une province rebelle de ses États. Et quand la dernière guerre éclata, elle fut bientôt réduite à être une simple province de la France. C'est le mot.

Le Portugal, si différent de ce qu'il était quand ses conquêtes embrassaient le globe, et étonnaient le monde entier, ne joue plus aujourd'hui qu'un rôle secondaire.

Quoique l'étendue du territoire soit la première base de la puissance, parce que c'est cette étendue qui règle en quelque façon la population d'un pays, cependant nous avons vu des exemples qui prouvent que ni l'étendue ni la population ne peuvent garantir une puissance qui manque de revenus. Nous avons vu la Pologne, remarquable par sa population, par la richesse de son sol, par ses productions et par l'amour de la liberté qui distingue ses habitans des peuples qui l'environnent, devenir la proie de l'ambition des puissances voisines. On doit donc conclure que c'est le défaut de revenus qui a été la cause de sa ruine (1).

Pour former des tableaux statistiques sci-

_____

(1) Peut être dira-t-on que c'est le défaut d'union et non le manque de revenus qui a occasionné la perte de la Pologne; mais nous répondrons que la pénurie d'argent occasionne les dissentions; et que c'est ordinairement la cause de la ruine des nations.

gnés et complets, il ne suffit pas que des individus recueillent quelques connaissances éparses, les mettent en ordre, pour servir de règle aux magistrats et aux gouvernans: il faut une longue pratique, une habitude constante de classer les renseignemens tant particuliers que généraux; mais, comme cette science n'offre qu'une utilité sans éclat, que la vanité ne trouve pas d'alimens dans une étude aussi abstraite, que ceux qui sont à la tête des affaires ne croyent pas avoir un intérêt immédiat à la cultiver, il y a lieu de craindre que ses progrès ne soient lents; parce qu'il n'y a qu'un très-petit nombre d'individus qui s'en occupent.

Toute science qui ne flatte pas notre vanité, ou ne nous promet pas de grands avantages, du côté de la fortune, est généralement peu cultivée.

On parle encore aujourd'hui des boisseaux d'anneaux que l'on ôta aux chevaliers romains tués à la bataille de Canne, il y a deux mille ans; du nombre de combattans qui se trouvèrent aux batailles d'Azincourt et de Crécy; mais on ignore le nombre de boisseaux de froment que produit l'Angleterre; on ne sait pas le nombre d'habitans qu'elle contient (1) dans un moment où l'on s'occupe d'une question si intéressante pour le salut de l'état, qui est de savoir si nous avons, ou non, des subsistances suffisantes pour faire vivre les habitans du royaume. Nous ne savons pas si la population du pays augmente ou diminue, nous ignorons l'espèce et la quantité de ses produits, et cependant il n'y a pas de nations en Europe qui soient plus instruites que nous sur les objets d'économie politique. Les gouvernemens ne font faire aucun progrès à cette science intéressante, parce qu'ils ne donnent aucun encouragement à ceux qui s'y livrent, tandis qu'on voit un grand nombre de sociétés établies pour s'occuper des événemens passés, des faits rares et qui ne peuvent satisfaire que la curiosité, pour rechercher la cause des choses qui se passent loin de nous, et dont la connaissance ne peut intéresser que la vanité de ceux qui les rapportent:

Il serait donc important qu'il y eût dans

(1) On s'est occupé dernièrement des moyens de connaître la population exacte de la Grande-Bretagne; mais les efforts qu'on a faits, à cet égard, n'étant pas soutenus, on n'a pas obtenu de résultats satisfaisans.

chaque état, une société qui se consacrât aux connaissances de la statistique ; elle ferait faire de grands prgorès à la science, avec facilité et sans beaucoup de dépense ; et, tant que cela ne sera pas ainsi, ceux qui s'en occupent, seront réduits à glaner dans ce champ si fertile et si peu connu.

Les hommes d'état et ceux qui tiennent les rênes du gouvernement se trouveroient amplement récompensés de leurs soins, et du peu de dépense qu'exigeroit cette science pour l'avancer : car, par ce moyen, les opérations du gouvernement (sur-tout la partie financière) acquerraient beaucoup plus de solidité (1). Les grands hommes d'état ont été convaincus de ces principes, dans tous les siècles ; voilà ce qui fait qu'ils ont toujours cherché à connaître la population, les ressources pécuniaires et militaires de leur pays.

Comme les résultats statistiques ne peuvent jamais se faire avec une attention minutieuse, et que, quand on voudrait approcher d'une exactitude plus grande, on n'y parviendrait

(1) Les finances sont l'âme d'un Etat ; et le premier mérite, dans un gouvernant, est celui de bien connaître les ressources et les dépenses du pays où il commande.

pas à cause des changemens qui s'opèrent tous les jours, on a jugé à propos, dans cet ouvrage, de supprimer ce qu'on peut appeler les parties fractionnaires; elles ne servent qu'à montrer la vanité des auteurs : et dans des nombres considérables, elles ne tendent qu'à embrouiller l'esprit, et à fatiguer inutilement la mémoire.

Les ouvrages de statistique, comme les dictionnaires, ont besoin d'être revus et réimprimés de tems en tems, à mesure qu'il arrive des changemens dans les divers états. Il est donc impossible de commencer une série de tableaux d'une époque plus favorable, que celle qui a précédé immédiatement la guerre qui vient d'être terminée.

L'Europe est restée presque dans le même état, pendant un siècle; mais les changemens qui viennent d'avoir lieu, sont, par leur nature et leurs causes, si différens des choses ordinaires, qu'il est à présumer qu'ils ne finiront pas tout de suite d'une manière invariable (1).

_____

(1) Il n'y a pas un an que l'auteur pensait encore ainsi; mais la conduite ferme et admirable du premier Consul l'aura, sans doute, fait changer d'opinion, à cet égard.

Ce général quoique jeune, a donné beaucoup d'ouvrage aux écrivains statistiques.

Nous commençons par donner un apperçu succinct de la fondation des divers états de l'Europe ; nous indiquons les différens changemens que ces états ont subis , et ceux que les évènemens de la guerre leur ont fait éprouver. Ensuite nous montrons la situation où ils sont , depuis la signature du traité de paix d'Amiens.

———

INTRODUCTION

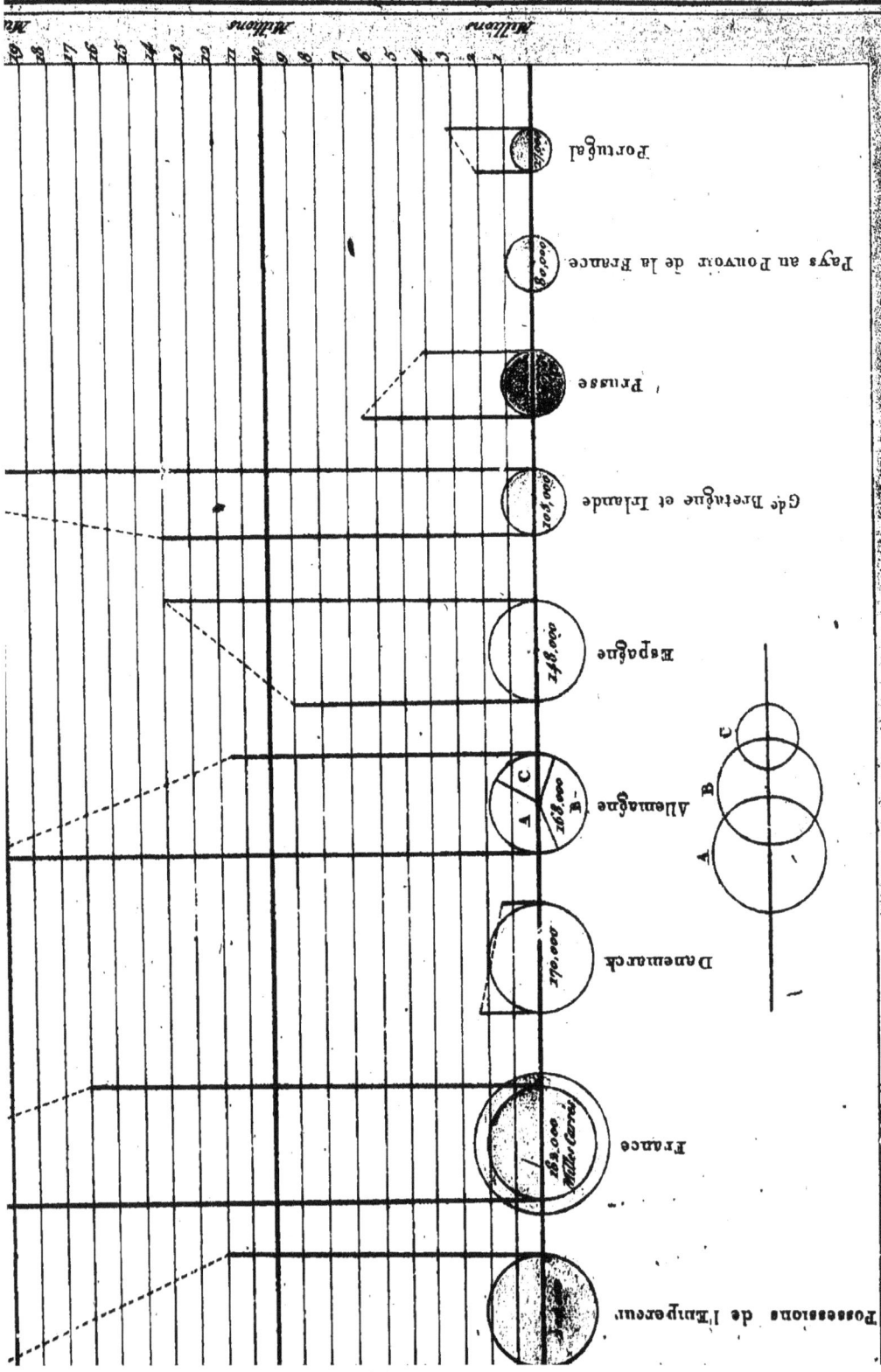

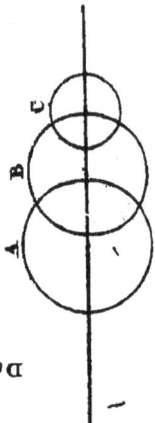

Portugal

Pays au Pouvoir de la France

Prusse

Gde Bretagne et Irlande

Espagne

Allemagne

Danemarck

France

Possessions de l'Empereur

INTRODUCTION

ET EXPLICATION

DES TABLEAUX STATISTIQUES.

Chaque cercle représente le pays dont le nom est gravé au-dessous, et tous sont placés dans le rang qu'ils doivent occuper suivant leur étendue.

Les lignes peintes en rouge qui s'élèvent sur la partie gauche d'un pays, expriment le nombre de millions d'habitans, mesuré sur l'échelle qui s'étend de droite à gauche de chaque division; chaque ligne est un million, ainsi qu'on l'a marqué à l'extrémité des lignes.

Les lignes jaunes sur la droite de chaque pays, représentent le revenu en livres sterlings, mesuré sur l'échelle millionnaire de la population.

Les nations que nous avons représentées en vert, sont les puissances maritimes ; celles que nous avons

A

représentées en rouge pâle, sont les puissances de terre.

(On peut juger par la proportion de ces deux couleurs dans un même cercle, de celle des forces de terre et de mer).

Les chiffres mis au-dessus de chaque cercle (comme le nombre 5 sur la Russie et 14 sur la Suède), indiquent le nombre d'habitans par mille carré.

Les lignes pointées entre celle qui indique la population et celle qui indique le revenu, ne sont destinées qu'à réunir les deux mesures de chaque nation. L'élévation de ces lignes de gauche à droite, ou de droite à gauche, montre la proportion qui existe entre la population et les revenus d'un État; de sorte qu'on peut voir, du premier coup-d'œil, si un pays est surchargé de taxes, ou non.

I. Le premier tableau représente les puissances de l'Europe, telles qu'elles étaient avant la révolution française.

II. Le second représente la situation des puissances de l'Europe, telle qu'elle est résultée du traité de paix signé à Lunéville, lequel a produit de grands changemens, a beaucoup agrandi la France et diminué l'Allemagne.

III. Le troisième représente la population des grandes capitales de l'Europe ; les cercles figurent la proportion des habitans de chacune.

IV. Le quatrième représente les puissances de l'Indostan, qui sont liées avec celles de l'Europe , et qui ont une grande influence sur le commerce des Européens. On a suivi la même méthode dans les proportions.

Les avantages qui résultent du nouveau mode que nous avons adopté , sont de faciliter l'acquisition des connaissances statistiques , et d'aider la mémoire à les retenir ; deux points fort essentiels dans l'étude de cette science.

De tous les sens , c'est la vue qui donne l'idée la plus exacte et la plus prompte de tout ce qui est sus-ceptible de lui être représenté ; et quand il s'agit de reconnaître la proportion qui existe entre diverses quantités , ou diverses grandeurs , l'œil a une supé-riorité étonnante pour la saisir. Par l'habitude cons-tante et presqu'involontaire de comparer divers objets , il acquiert une facilité étonnante à les juger.

L'étude de la chronologie est devenue beaucoup plus facile , au moyen de ce qu'on représente le tems par de grands espaces , et des lignes proportionnées qui indiquent la longueur des règnes, et les époques où ont vécu les grands hommes des siècles passés. De sorte que chaque événement passe sous nos yeux dans l'ordre qu'il a occupé.

L'auteur de cet ouvrage a, depuis 16 ans, fait usage de lignes semblables à celles de ces tableaux, pour des objets de commerce et de finances ; et ce mode a parfaitement réussi. On a trouvé que non-seulement il facilitait l'étude, mais qu'il aidait beaucoup à saisir et à retenir les objets.

Les présens tableaux sont donc propres à accélérer les progrès de la statistique : car, ils montrent à l'œil, au premier aperçu ; les différentes grandeurs des pays qui y sont représentés ; et la similitude des formes aide l'esprit à comparer. C'est-là ce qui fait que nons prenons aisément une idée de la différence qui existe dans la grandeur des planettes, parce qu'elles sont représentées sous les mêmes formes, quoiqu'elles ne se ressemblent pas.

Les points les plus essentiels dans la statistique, soit que la curiosité, soit que l'intérêt guide nos recherches, ce sont l'*étendue*, la *population* et les *revenus* des divers pays. J'ai donc représenté ces trois objets sur une même échelle, parce qu'ils sont les seuls fondemens essentiels de la puissance, et les seuls que l'on puisse mesurer avec quelque précision, et que ces trois objets font toute la force des empires. Il est vrai que la forme des gouvernemens et les qualités morales des hommes, entrent pour beaucoup dans l'influence dont jouissent les différens États; mais on ne peut que décrire ces choses-là; on ne saurait les représenter à la vue.

Enfin, avant de terminer, nous devons dire que le premier tableau représente les différentes puissances de l'Europe, sous un seul coup-d'œil; de sorte que l'esprit peut saisir, et la mémoire retenir la proportion qui existe entre leur population, leur étendue et leurs revenus. Quant aux détails qui concernent chaque nation en particulier, ils sont aussi simplifiés qu'il est possible; on rapporte les faits sans aucune discussion; on les a imprimés par articles séparés.

Ceux qui voudront prendre la peine de lire la préface, y trouveront quelques observations intéressantes sur la nouvelle méthode que nous avons adoptée. Mais, comme nous l'avons déjà dit, le but qu'on s'est proposé, est de frapper l'esprit, et d'aider la mémoire.

Nous présumons que cet ouvrage sera sur-tout utile à ceux qui étudient la statitstique; car, il n'est pas d'étude moins attrayante, ni plus ennuyeuse que celle-ci; et si l'esprit et l'imagination ne sont pas aidés par quelque chose, ou que la personne qui s'y livre n'y soit pas intéressée, ce qui est assez ordinaire aux jeunes gens. quelle que soit leur fortune, on l'abandonne facilement.

N. B. Quant aux personnes instruites en statistique, elles y trouveront des résultats neufs, qui ne pourront manquer de leur inspirer de l'intérêt.

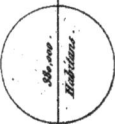
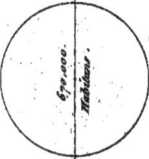
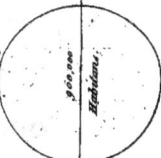
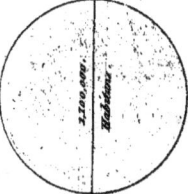

ÉLÉMENS

DE STATISTIQUE.

L'EMPIRE

DE TOUTES LES RUSSIES.

Cet empire, le plus étendu de ceux qui existent ou qui ont jamais existé, est beaucoup plus grand que l'Empire Romain au zénith de sa splendeur ; il embrasse plus de terrein que toute l'Europe ensemble.

Ce ne fut que vers l'année 1613, que Michel Romanzow, fils d'un métropolitain, posa les fondemens de la grandeur de la Russie, en devenant Czar. Il est la tige de la famille qui règne aujourd'hui. Pierre-le-Grand ajouta la Sibérie à cet empire, et par une conduite ferme et une vie remplie de grandes actions, il fit de cette masse informe et presque sans existence,

A 4

une puissance qui jouit d'une grande considération en Europe. Ce célèbre monarque possédait les plus rares qualités dans un degré éminent. Les vertus mâles et les vues sages qu'il réunissait à une profondeur d'esprit, telle que peu de princes en ont jamais montré, se tournèrent tout entières vers la civilisation de son peuple, vers l'agrandissement et la gloire de sa nation. Aprés la perte de ce grand-homme, qui mourut en 1725, on vit dans l'espace de 37 ans, six souverains monter sur le trône. Catherine II, à la mort de son époux qui arriva en 1762, prit les rênes de l'État et gouverna l'empire avec sagesse. Sous son administration, on vit la Russie augmenter en force et en revenus. Son commerce prit un accroissement considérable. Son fils et son successeur, Paul I, n'ayant régné que depuis 1796, jusqu'à 1801, on ne peut savoir comment il aurait gouverné. Alexandre I, fils de Paul, vient de monter sur le trône, et donne les plus belles espérances. La forme du gouvernement est la monarchie absolue.

Il n'est pas de pays qui soit parvenu plus rapidement à être d'un grand poids dans la balance politique que la Russie, qui peut être comptée aujourd'hui au rang des premières puissances de l'Europe. Sa prospérité intérieure s'accroît plus rapidement que jamais. Si elle était peuplée dans la proportion de la Suède et du Danemarck, elle contiendrait plus de 70 millions d'habitans, et jouirait d'un revenu proportionné.

Etendue en milles carrés 4,660,000

Nombre des habitans 25,000,000

Nombre de personnes par mille carré. 5

Etendue en acres anglaises (1). 3,000,000,000

Nombres d'acres par chaque personne 120

Revenus en livres sterlings (2). 7,500,000

Dette publique 10,000,000

Forces de terre en tems de paix. 380,000

Forces, *idem*, en tems de guerre. 550,000

Nombre des matelots, en tems de paix. 20,000

Nombre des matelots, en tems de guerre. 40,000

Vaisseaux de ligne 60

Frégates, chaloupes 60

Nombre des habitans dans la capitale. 170,000

Nombre d'acres cultivées, à-peu-près. 150,000,000

Nombre des paroisses 18,319

Clergé. 146,000

Exportations pour l'Angleterre, une année
dans l'autre. 1,500,000

Importations de l'Angleterre, *idem*. 550,000

Grandes divisions du pays : on compte 44 gouvernemens distincts, dont en Europe 30

En Asie. 14

---

(1) L'acre contient 38,284 pieds carrés de France.

L'arpent ne contient que 32,400 pieds carrés ; ainsi, l'acre est à l'arpent, comme 32 est à 27. 11/200, à quelques millièmes près.

(2) Livre de compte. La livre sterling équivaut à 20 schellings ; chaque schelling équivaut à 12 pences ou deniers ; la livre sterling égale 24 francs 76 centimes.

(*Or.*) Une guinée, monnoie effective, équivaut à 21 schellings ; et à 25 francs 90 centimes.

(*Argent.*) Une crown (couronne) équivaut à 5 schellings sterlings ; et à 6 francs 17 centimes ; le schelling de 12 pences (ou deniers sterlings) égale 1 fr. 22 c.

POPULATION DES VILLES PRINCIPALES.

Moscou. 250,000
Astracan. 70,000
Cronstadt 60,000
Longitude du point central du pays, 90 d. (est).
Latitude, *idem*, 60 d. (nord).
Longitude de Pétersbourg, 30 d. 19 m. (est).
Latitude, 59 d. 56 m. (nord).
La religion est l'église grecque-catholique, dont l'empereur est
le chef.
Les autres religions y sont tolérées.
Le montant des taxes, pour chaque individu, est . 6 s. 8 d.
L'intérêt de l'argent est de. . . . . 8 p. c.

La Russie, par la grande variété de son sol et de
son climat, produit un grand nombre d'articles d'exportation, tels que le fer, le lin, le chanvre, le bois
de construction, le grain, le bétail, et les fourrures
qui sont le plus fort article.

Ses importations ne sont pas des marchandises de
première nécessité, mais de luxe.

Ses exportations s'accroissent avec l'industrie du
pays (1). Les importations n'augmentent que quand
les habitans deviennent plus recherchés.

---

(1) Il est sorti du port de Pétersbourg, pendant le cours de
l'année dernière, pour 30 millions 7,674 roubles de marchandises,
et il en a été importé pour 26 millions 601,473 roubles.
Balance à l'avantage de la Russie, ci 3,406,201 roubles.
Le rouble vaut 5 francs 71 centimes, depuis 1797; les vieux
roubles ne vont qu'à 4 francs 5 centimes.

LA TURQUIE.

La plus belle partie du monde est au pouvoir des Turcs, depuis l'an 1000. Le gouvernement est despotique. Il donne le pouvoir sur les personnes et sur les propriétés. Il y a une grande différence entre un gouvernement despotique dans un pays chrétien, ou dans un pays mahométan. Dans celui-ci, le chef n'est retenu par aucun principe de religion; et nous n'avons pas d'exemple de princes chrétiens qui se soient rendus coupables d'actes de violence, tels que ceux auxquels se livrent tous les jours les princes mahométans.

Ce grand empire, le second par son étendue, après la Russie, et dont la population et les revenus sont à-peu-près les mêmes, a subi de grandes révolutions; et depuis le dernier siècle, il est regardé comme déclinant. Il est certain qu'il a beaucoup perdu de l'énergie qu'il a montrée dans les commencemens; mais ce n'est pas toujours une marque de la décadence des pays qui ont cette forme de gouvernement. Le caractère et les talens de ceux qui tiennent les rênes de l'empire, ont une grande influence sur les affaires publiques.

L'histoire de la Turquie est remplie d'événemens qui ne permettent pas d'en donner ici un abrégé ; mais les Turcs ont autrefois rivalisé de puissance avec l'Allemagne, par leurs forces de terre, et ont balancé l'influence des Vénitiens, par leurs forces de mer. Jusqu'à l'année 1789, la Russie et l'Empereur d'Allemagne ont été arrêtés dans leurs progrès, par les Turcs, qui firent, à cette époque, une campagne très-brillante. Néanmoins, rien n'a été plus faible que les efforts qu'a faits cette puissance, pour coopérer avec l'Angleterre, à la reprise de l'Egypte, et pour soumettre Passwan-Oglou. Soit caprice, soit quelque autre cause qu'on ignore, ils sont restés dans une inaction qu'ils ont rarement tenté de vaincre.

Les progrès rapides et le subit accroissement de la Russie, doivent inspirer les plus vives inquiétudes à la Turquie ; mais peut-être que les autres puissances de l'Europe sentiront un jour que la justice et leur propre intérêt leur défendent de souffrir l'anéantissement d'un si grand empire.

Etendue en milles carrés. 790,000
Nombre des habitans. 24,000,000
Nombre de personnes par mille carré 31
Etendue en acres anglaises. 505,600,000
Acres de terre par personne. 21
Revenus en livres sterlings. 7,000,000
Montant de la dette publique. 0
Forces de terre, en tems de paix. 250,000
Idem, en tems de guerre. 370,000
Matelots, en tems de paix. 30,000

Matelots, en tems de guerre. 55,000

Vaisseaux de ligne. 40

Frégates. }
Sloops. } 20 }
Galères. . 40 } 160
Galiottes. 100 }

Lieues de côtes. 2,310

Habitans de la capitale. 900,000

Acres en culture, environ. 128,000,000

Exportations pour l'Angleterre, une année dans l'autre, depuis
   dix ans. 260,000

Importations de l'Angleterre, *idem*. 280,000

Grandes divisions du pays. L'Europe, l'Asie, l'Afrique. . . 3

Petites divisions. Provinces, non-compris les îles grecques. 22

VILLES PRINCIPALES. — POPULATION.

Alep. 290,000

Le Caire. 400,000

Ancône. 104,000

Smyrne. 120,000

Andrinople. 80,000

Longitude du point central, 37 d. 15 m. (est).

Latitude, *idem*, 36 d.

Longitude de la capitale, 28 d. 56 m. 15 s. (est).

Latitude, *idem*, 41 d. 1 m. (nord).

Montant des taxes par personne, ci 6 schs. 10 d. sterlings.

Les productions de la Turquie sont en très-grand nombre. Des graines de toute espèce ; une grande variété de beaux fruits ; de la soie, du coton, du café, du sucre, du tabac, du cuivre et d'autres métaux ; du marbre ; de la gomme, des épices de différentes sortes, des bestiaux, des chameaux, des lions, etc.

LE ROYAUME DE SUÈDE.

Depuis l'an 1000, qu'*Olow-Skantonung* prit le premier le titre de roi de Suède, et introduisit dans son royaume le christianisme, ce pays a été sujet à de nombreuses révolutions. Les règnes de Gustave-Adolphe et de Charles XII, les deux plus grands hommes de guerre de leur siècle, ont jeté un éclat vif et momentané sur la Suède. Quoique ce pays n'occupe que le second rang dans l'ordre des puissances, il s'est toujours maintenu dans un état respectable, au milieu de ses propres révolutions et de celles des nations qui l'avoisinent. Il en a vu plusieurs s'élever et tomber successivement.

L'autorité royale avait été absolue jusqu'en 1718; mais, à cette époque, les états du royaume s'emparèrent de la souveraineté, au détriment du bien public, et gouvernèrent jusqu'à la révolution habilement conduite, que fit le dernier roi Gustave III, et qui eut lieu en 1792. Alors la monarchie redevint absolue. Gustave fut un de ces rois sages, qui n'usèrent de leur autorité, que pour faire le bonheur de leurs sujets.

Néanmoins, il fut assassiné en 1794, et fut généralement regretté. Son frère, le duc de Sudermanie, fut régent pendant la minorité du roi actuel, Gustave Adolphe IV, qui montre les mêmes dispositions que son père, et annonce vouloir rendre son peuple heureux.

La couronne est héréditaire, sans distinction de sexe. La Suède est avantageusement située, tant pour les manfactures, que pour le commerce; mais ni l'un ni l'autre n'ont fait de grands progrès, faute des encouragemens qu'on pourrait leur donner. Il faudrait, dans ce pays-là, aussi bien que chez les autres nations du Nord, d'autres encouragemens que ceux qu'on donne à ces objets, dans les climats plus chauds, et dans des pays plus fertiles.

Etendue en milles carrés.	209,000
Nombre d'habitans.	3,000,000
Personnes par milles carrés.	14
Etendue en acres anglaises.	133,000,000
Nombre d'acres par chaque personne.	44 1/3
Acres cultivées.	24,000,000
Revenus en livres sterlings.	1,500,000
Montant de la dette publique.	7,000,000
Forces de terre, en tems de paix.	50,000
Idem, en tems de guerre.	140,000
Matelots en tems de paix.	15,000
Idem, en tems de guerre.	55,000
Vaisseaux de ligne.	30
Frégates et sloops, 10; Galères, 60.	70
Etendue des côtes de la mer, en lieues.	380
Nombre d'habitans dans la capitale.	80,000

Exportations en Angleterre. 290,000
Importations d'Angleterre. 170,000
Grandes divisions du pays.
La Suède, Gothland, Norland, Laponie, } 7
Finlande, Poméranie, Wismer.
Petites divisions, provinces ou districts. 44

VILLES PRINCIPALES.

Gothenbourg, 20,000. Carlscrona, 11,000. Stralsund, 10,000.

Longitude de Stockholm, la capitale, 18 d. 3 m. (est).
Latitude, *idem*, 59 d. 20. m. (nord).
Montant des taxes par personne, 10 sch.
La religion est la luthérienne. La calviniste est seule tolérée.

La Suède produit des grains de toute espèce, du chanvre, du lin, des bestiaux de presque toutes les sortes. Mais ses principaux objets d'exportation, sont le fer, le cuivre, le bois de construction, les cuirs, les peaux et le suif.

L'EMPIRE

~~~~~~

L'EMPIRE D'ALLEMAGNE,

AVANT LA GUERRE.

———————

LE s principautés de l'Allemagne qui furent réunies à la France, dans le huitième siècle, devinrent formidables sous l'empereur Charlemagne. En 887, elles en furent séparées, et devinrent un empire distinct et indépendant sous des princes héréditaires.

Mais en 1085, les princes devinrent électifs, et depuis, ils sont toujours restés tels.

Il serait difficile de concevoir une forme de gouvernement plus vicieuse, que celle d'un pays où il y a, comme en Allemagne, une foule de princes qui ont tous droit de voter, en cas de guerre, mais qui ont la liberté d'y contribuer par leurs forces militaires, ou de retirer leur contingent, soit en troupes, soit en argent.

Il est très-heureux que les princes de la maison d'Autriche, qui est par elle-même très-puissante et possède de grands revenus, soient éligibles à la cou-

B

ronne impériale, et qu'ils y ayent été élus. Autrement, l'Empire serait le corps politique le plus faible qui ait peut-être jamais existé.

Les princes ont aussi trop d'autorité, pour qu'on puisse les contraindre, d'une manière efficace, à faire ce qu'ils croient que leurs intérêts et leurs vues leur défendent. Nous venons d'être témoins de cette vérité, et nous sommes à portée d'en juger les conséquences. L'empire s'étant trouvé diminué en étendue, ceux des princes que leur éloignement a préservés de toute perte, se refusent à indemniser ceux qui ont été dépossédés.

La constitution d'Allemagne est d'une grande anti- quité ; elle est comme intermédiaire entre le système féodal et la monarchie limitée. Elle ne peut résister long-tems aux attaques violentes et combinées, que l'on dirige contre son ancienne forme de gouver- nement.

Etendue en milles carrés.	197,000
Nombre des habitans.	25,000,000
Individus par mille carré.	128
Etendue en acres anglaises.	126,000,000
Acres par chaque personne.	5
Acres cultivées.	90,000,000
Revenus en livres sterlings.	14,000,000
Forces de terre, en tems de paix.	120,000
Idem, en tems de guerre.	260,000
Nombre des habitans dans la capitale.	254,000
Montant des exportations pour l'Angleterre.	950,000.
Importations de l'Angleterre.	1,420,000

GRANDES DIVISIONS DU PAYS.

Llectorats. 6
P.incipautés. 16
Etats ecclésiastiques. 11
Petits Etats. 11
Villes impériales libres. 4
Territoires ; Impérial, Prussien, Suédois, Danois.
Villes principales. (Vienne, capitale), Berlin, Hambourg,
  Liège, Munich, Francfort.
Longitude du point central, 12 d. (est).
Latitude, *idem*, 5o d. (nord).
Longitude de la capitale, 16 d. 22 m. (est).
Latitude, *idem*, 48 d. 12 m. (nord).
Taxe par personne . . . . 11 scheilings 2 d.
Taux de l'intérêt de l'argent. . . . . o
Etendue des côtes de mer. . . . . o
Religions, (les) catholique-romaine, luthérienne, calviniste ,
  jouissent de la même liberté.

Les productions de l'Allemagne sont variées et
abondantes. Toutes sortes de grains, bestiaux et fruits,
vif - argent , cuivre et autres métaux , *capperas* ,
alun, tabac, soie, bois de construction, huile et
olives.

ETATS DE L'EMPEREUR,

AVANT LA GUERRE.

Lorsque Charles-Quint, qui était empereur d'Allemagne et roi d'Espagne, eut abdiqué l'Empire et changé le sceptre royal contre une cellule, il céda ses Etats d'Allemagne à son frère, et le royaume d'Espagne à Philippe II, son fils.

La ligne masculine de l'Autriche s'éteignit par la mort de Charles VI ; il eut pour successeur, dans ses États héréditaires, Marie-Thérèse, qui épousa, en 1740, François, grand duc de Toscane. Joseph II, frère de Marie-Thérèse, succéda à celle-ci, et fut élu empereur en 1765. Il augmenta le nombre de ses sujets de 3,000,000, en ajoutant à ses États la Gallicie, le Lodomire, la Buckowine, et une partie de l'*Inn*. Après avoir fait beaucoup de tentatives, souvent sans succès, pour opérer des réformes que la philosophie commandait, il mourut regretté de ses sujets, l'an 1790.

Léopold lui succéda, et ne régna que deux ans. Après sa mort, François II, son fils, fut élu empereur. Il y a une grande variété de sol dans les États de l'Empereur. Les Pays-Bas autrichiens, les duchés de Milan et de Mantoue, sont d'une fertilité remarquable et parfaitement bien cultivés ; le Lodomire et la Gallicie, provinces démembrées de la Pologne, sont aussi d'excellens pays ; et l'on peut dire que les États de l'Empereur sont les pays de toute l'Allemagne les plus précieux par leur fécondité et par la richesse de leur sol.

Comme il y a des États de l'Empire d'Allemagne, qui font partie de ceux de la maison d'Autriche, il est difficile de bien distinguer ces derniers ; mais on peut observer, en général, que si l'Empire se séparait de la maison d'Autriche, qui est plus puissante que tous les États de l'Empire ensemble, ceux - ci perdraient leur influence en Europe, et seraient, par-là même, la cause immédiate de leur propre destruction.

Etendue en milles carrés. . . . . 180,000.
Nombre des habitans. . . . . 19,000,000.
Individus par mille carré. . . . . 108.
Etendue en acres anglaises. . . . . 115,000,000.
Acres de terre par individu . . . . 6.
Revenus en livres sterlings. . . . . 11,000,000.
Montant de la dette publique. . . . . 40,000,000.
Forces de terre, en tems de paix. . . . . 365,000.
Idem, en tems de guerre. . . . . 450,000.
Côtes de mer en lieues. . . . . 18.

Habitans dans la capitale. . . . .   .   . 254,000.
Acres cultivées. . . . . 75,000,000.
Exportations en Angleterre. ⎫ Flandre. ⎧ . . 300,000.
Importations de l'Angleterre. ⎭   ⎩ . 1,400,000.
Grandes divisions du pays. ⎫
Petites divisions. . . . ⎭ . . . . 10.

VILLES PRINCIPALES.

Vienne. (Population). 254,000
Milan . . . . 130,000.
Bruxelles (1). 80,000
Prague 80,000
Gand 60,000
Anvers. . . . . 50,000.
Longitude du point central, 14 d. 20 m. (est).
Latitude , *idem* , 47 d. 30 m. (nord).
Longitude de la capitale , 16 d. 22 m. 30 s. (est).
Latitude , *idem* , 48 d. 12 m. 32 s.
Taxes par personne. . . . . 12 schellings.
Religion catholique-romaine, mais toutes sont tolérées.

Les productions y sont très-variées ; grains , chanvre, lin, bestiaux, vin ; cuivre, vif-argent , zinc , et autres métaux ; charbon, porcelaines et toutes sortes de fruits.

---

(1) On a vu , par la note que nous avons insérée dans l'avertissement , les pertes qu'a éprouvées l'Empire germanique , et particulièrement l'Empereur , dans la guerre terminée par le traité de paix de Lunéville.

ROYAUME DU DANEMARCK.

Le Danemarck était, il y a quelques siècles, la nation la plus guerrière de l'Europe, et les Danois sont encore très-braves. Outre la conquête qu'ils firent de l'Angleterre, de l'Écosse et de l'Irlande, pays qu'ils ne gardèrent pas long-tems, ils s'emparèrent dans le 11e. sièle, du Groenland, et dans le 13e. de l'Islande.

La population et les revenus du Danemarck ne mettent cette puissance qu'au second rang de celles de l'Europe. Elle a autrefois occupé le premier ; mais depuis long-tems, elle y a renoncé ; et s'est contentée de se maintenir, ne prenant point part aux querelles des nations voisines entre elles.

Le gouvernement est une monarchie héréditaire absolue, depuis l'année 1660, époque à laquelle le peuple fit volontairement le sacrifice de sa liberté au Roi. Depuis ce moment, le Danemarck est devenu plus florissant que jamais. Ce fait, assez singulier, contraste d'une manière frappante avec ce qui est arrivé, pendant le même espace de tems, aux malheureux Polonais, et doit servir de leçon aux peuples, en les rendant au moins sceptiques sur la meilleure forme de gouvernement.

Pendant la dernière guerre, le Danemarck a fait un commerce considérable; il est devenu beaucoup plus riche qu'il n'avait jamais été; et il n'est pas de nation qui se soit aussi bien garantie de l'influence des opinions politiques qui règnent depuis douze ans.

Les lois de ce royaume sont contenues dans un seul volume. La justice y est bien administrée et à peu de frais, ce qui est beaucoup plus important pour le bonheur du peuple, que toute réforme du gouvernement qu'on pourrait projeter.

Étendue en milles carrés. 170,000
Nombre des habitans. 2,150,000
Individus par mille carré. 12
Étendue en acres anglaises. 108,000,000
Acres par personne. 54
Revenus en livres sterlings. 1,520,000
Dette publique. 2,600,000
Forces de terre, en tems de paix. 75,000
Idem, en tems de guerre. 0
Matelots, en tems de paix. 18,000
Idem, en tems de guerre. 0
Vaisseaux de ligne, frégates de 50 canons, sloops et autres petits bâtimens. 33
Côtes de mer, (lieues). 573
Acres cultivées. 12,600,000
Exportations pour l'Angleterre. 110,300
Importations de l'Angleterre. 219,000
Grandes divisions du pays. 3
Petites divisions. 12

VILLES PRINCIPALES.

Copenhague, Altona, Elseneur.

Longitude du point central du Danemarck, proprement dit, 10 d. 15 m.

Latitude, *idem*, 55 d. 30 m.

Longitude de la principale ville, 12 d. (est).

Latitude, *idem*, 55 d. 41 m. (nord).

Religion luthérienne; les autres sont seulement tolérées.

Montant des taxes par personne, 15 schellings 3 d.

Les principales productions sont les grains, le lin, le chanvre et les bestiaux.

On en exporte aussi une sorte de bois de construction, qui vient de la Norwège ; mais on n'en tire pas du Danemarck, proprement dit, qui soit d'une qualité supérieure. Les manufactures n'y sont pas florissantes. On ne peut s'attendre de trouver, à une telle latitude, un grand nombre de productions précieuses.

LA POLOGNE,

AVANT LE PARTAGE DE 1793.

Ce pays, étendu et fertile, plus peuplé qu'aucune des nations voisines, et dont les habitans sont connus pour être braves, a été cependant effacé du rang des États indépendans, et a été partagé entre la Russie, la Prusse et l'Autriche (1). Ce peuple, trop jaloux de sa liberté pour se soumettre à des monarques héréditaires, a voulu que ses rois fussent électifs, sans songer que c'était ouvrir la porte aux disssentions, que d'autoriser les prétentions de plusieurs princes au trône de la Pologne.

Le système féodal régnait encore dans cet État ; il était donc, à cet égard, de trois siècles en arrière des autres nations de l'Europe ; il résultait de cet ordre de choses, que les rois électifs n'avaient ni puissance dans

---

(1) Voyez le partage qui a été fait de la Pologne, dans la deuxième note insérée au bas de l'avertissement du traducteur, page 5.

l'intérieur, ni revenus, ni forces qui pussent être com-
parés à ceux des autres rois de l'Europe.

Dans les siècles de féodalité, où les grands feu-
dataires levaient des forces temporaires dans toute
l'Europe, la Pologne jouait un grand rôle parmi les
nations guerrières. Mais, depuis qu'on a introduit
le système des armées permanentes, et qu'elles ont
assuré la supériorité aux nations qui les ont entrete-
nues, la Pologne n'a fait que perdre de son influence,
et ses grands seigneurs et leurs vassaux sont devenus
sujets des puissances environnantes.

Le partage de la Pologne, qui eut lieu en 1793 et
1796, n'est pas le premier acte qu'on ait fait pour
démembrer cet État. En 1771, les trois mêmes puissances en avaient pris quelques provinces; mais ils en
avaient laissé subsister une partie qui avait conservé
le même nom, et une sorte d'indépendance. Cette
transaction, à laquelle aucune des puissances neutres
ne s'opposa, et que même elles autorisèrent, fut la première atteinte que l'on porta au système de balance
des États de l'Europe, qui consistait en ce que les forts
protégeassent les faibles; ce fut-là l'origine du nouveau
système adopté par quelques puissances européennes,
par lequel elles se partagent les nations vaincues;
s'accordent des indemnités et des dédommagemens,
en raison de la part qu'elles se font; ainsi qu'on l'a
vu dans la dernière guerre. Ce système est contraire

au repos des peuples de l'Europe, aussi bien qu'aux droits et aux intérêts des nations.

Étendue en milles carrés. 160,000
Nombre des habitans· 8,500,000
Individus par mille carré. 53
Étendue en acres anglaises. 103,000,000
Nombre d'acres par chaque personne.. 12
Revenus en livres sterlings. 450,000
Forces de terre, en tems de paix. 18,000
Idem, en tems de guerre. 100,000
Côtes de mer c
Habitans dans la capitale. 80,000
Acres cultivées. 40,000
Grandes divisions du pays. 6

VILLES PRINCIPALES.

Warsovie, Cracovie et Dantzick.

Longitude du point central, 24 d. (est).
Latitude, 53 d. (nord).
Longitude de la capitale, 21 d. (est).
Latitude, 52 d. 14 m. (nord).
Religion catholique-romaine, luthérienne.
Montant des taxes par individu. . . . . . . 1 schelling   d.

Le pays est très-fertile; il produit une grande quantité de grains, de lin et de bestiaux. Il y a aussi des mines d'argent, de cuivre, de plomb, de vif-argent. Le bois de construction, les peaux, le suif, les provisions salées, ce sont-là les principaux objets d'exportation.

LA FRANCE,

DÉPUIS LE TRAITÉ DE LUNÉVILLE.

La France, originairement la nation la plus libre de l'Europe, avait laissé absorber sa liberté par les prérogatives de la royauté. Les états - généraux, le pouvoir législatif constitutionnel, destiné à balancer le pouvoir exécutif et à arrêter ses progrès, n'ayant point été convoqués pendant plusieurs siècles, la monarchie était devenue absolue. Le parlement de Paris, qui n'était qu'une cour de justice, avait dès-long-tems formé un corps d'opposition à l'autorité royale ; il se regardait comme le rempart du peuple, et le représentant des états - généraux. Mais tous les efforts qu'il fit pour mettre un frein à l'autorité royale, ne firent qu'affermir celle-ci, jusqu'à ce qu'enfin le délabrement des finances détermina la perte de l'ancien gouvernement.

Les Français sont vifs, pétulans, généreux et enthousiastes ; mais ils n'ont peut - être pas assez de fermeté, de prudence, ni de flegme dans leurs délibérations. Ils aiment la liberté, aucun sacrifice ne leur a coûté pour la conquérir; mais il est à craindre que le défaut de patience, et le peu de solidité dans le jugement ne les empêchent de la conserver. Dans toutes les assemblées des états-généraux qui ont précédé l'année 1789, l'impatience de quelques-uns, et l'enthousiasme des autres, ont fait triompher l'autorité royale. Dans les derniers états-généraux, comme le torrent irrésistible de l'opinion publique entraîna les affaires, le trône ne tarda pas à être renversé, et avec lui, l'ancienne constitution.

On substitua au pouvoir des grands, celui du peuple. Il en résulta un despotisme épouvantable, où toute idée de justice, de sûreté et de protection légale fut bannie; ce système ne dura pas long-tems; de nouveaux tyrans s'emparèrent des rênes du gouvernement, et, sous des noms inconnus, régirent la France avec un sceptre de fer. La république fut quelques années la proie d'ambitieux démagogues qui se renversaient alternativement, et changeaient la constitution de leur pays, suivant le but de leurs intérêts. Les choses se passèrent ainsi, jusqu'à ce qu'un général d'un mérite rare, se mit à la tête des affaires, et déploya autant de sagesse que de fermeté pour rétablir un gouvernement solide, basé sur des principes de modération et de douceur. On ne peut apprécier ce qu'il arriverait, si les rênes du gouvernement tombaient dans des mains faibles et incertaines; mais il faut espérer, pour le bonheur de l'humanité, que la funeste

expérience que les Français ont faite d'une révolution terrible, rendra le peuple plus patient, et que
la crainte du malheur réprimera une dangerense
exaltation.

Étendue en milles carés. 182,000
Nombre d'habitans (1). 32,305,030
Individus par mille carré. 174
Étendue en acres anglaises. 116,711,409
Acres par chaque personne. 4 2/3
Revenus en livres sterlings. 25,000,000
Dette publique. 60,000,000
Forces de terre, en tems de paix. 300,000
Forces idem, en tems de guerre. 600,000
Matelots, en tems de paix. 24,000
Idem, en tems de guerre. 120,000
Vaisseaux de ligne. 75
Frégates, sloops, etc. 185
Lieues de côtes de mer. 470
Habitans de Paris. 670,000
Acres en culture. 95,000,000
Revenu du clergé. 0
Exportations pour l'Angleterre. 65,000
Importation de l'Angleterre. 90,000
Division du pays en départemens. 102

VILLES PRINCIPALES.

Lyon, Marseille, Bordeaux, Nantes, Strasbourg.

Capitale, Paris.

(1) Suivant Mohéau, sur ce nombre, il faut retirer 17/33
pour les femmes; un 1/6 pour les hommes au-dessous de 16 ans;
et 1/9 pour ceux au-dessus de 40 ans, le citoyen Daru trouve,
d'après cela, 6,000,000 de défenseurs de 18 à 40 ans, en cas d'ap-
pel général; et un million de 20 à 25 ans.

Longitude du point central, 2 d. 3o m. (est).
Latitude, *idem*, 46 d. 3o m. (nord).
Longitude de la capitale, 2 d. 20 m. (est).
Latitude , 48 d. 5o m. (nord).
Religion , catholique-romaine (1).
Montant des taxes par personne. . . . . . 14 schellings 8 d.

Il n'y a pas de pays plus fertile que la France , mais elle ne renferme que très-peu de mines , de quelqu'espèce que ce soit. En conséquence, ses exportations consistent principalement en vins, en fruits, et en objets finis qui sortent de ses manufactures , pour lesquelles elle est très-renommée ; elle est, en général, l'arbitre du goût et des modes, parmi toutes les les nations de l'Europe.

_____

(1) Depuis la révolution , toutes les autres y sont tolérées.

LE

DEPARTEMENS PAR ORDRE ALPHABÉTIQUE.	ÉTENDUE EN LIEUES CARRÉES.	POPULATION GÉNÉRALE.	NOMBRE D'HABITANS PAR LIEUE CARRÉE.	CHEFS-LIEUX.	DISTANCE DE PARIS.	NOMBRE D'HABITANS dans les chefs-lieux.	NOMBRE d'Arpens carrés PAR DÉPARTEMENT.	DÉPA ALPH
Ain............	250	297,071	1,291	Bourg........	105	6,900	1,068,810	Lot et
Aisne........	316	425,981	1,548	Laon.........	33	8,000	1,468,452	Lozère
Allier........	310	248,864	802	Moulins......	69	13,200	1,440,570	La Lys
Alpes (Hautes-)..	232	118,100	509	Gap.........	152	6,500	1,078,104	Maine
Alpes (Basses-)..	513	140,093	448	Digne.......	174	5,500	1,453,511	Marche.
Alpes-Maritimes.	173	87,481	505	Nice	256	25,000	803,931	Marne.
Ardèche	229	266,656	1,164	Privas	126	2,600	1,064,163	Marne (
Ardennes.....	221	259,925	1,176	Mézières.....	56	5,700	1,026,987	Mayenn
Arriège.......	222	196,454	884	Foix	181	3,270	1,031,654	Meurthi
Aube	257	233,455	908	Troyes......	38	27,200	1,194,279	Meuse..
Aude	270	225,228	834	Carcassonne	194	10,400	1,254,690	Meuse-In
Aveyron.......	377	326,559	865	Rhodez.......	141	6,600	1,751,919	Mont-Bla
Bouches-du-Rhône..	252	285,012	1,131	Marseille.....	198	126,590	1,171,044	Mont-Ter
Calvados......	241	450,947	1,871	Caen	53	36,000	1,119,927	Mont-Ton
Cantal.......	240	220,504	917	Aurillac	127	10,470	1,115,280	Morbihan
Charente.....	245	312,003	1,273	Angoulème.....	128	11,000	1,138,515	Moselle.
Charente Inférieure..	500	599,162	1,330	Saintes......	122	8,000	1,394,100	Nethes (L
Cher........	310	217,785	702	Bourges, ...	58	16,253	1,440,570	Nièvre.
Corrèze......	251	233,557	933	Tulles	113	9,662	1,166,397	Nord...
Côte-d'Or.....	366	330,932	904	Dijon.......	73	20,900	1,700,802	Oise...
Côtes-du-Nord..	310	502,727	1,621	Saint-Brieux....	108	7,600	1,440,570	Orne..
Creuse......	244	218,041	892	Guéret	79	5,379	1,133,868	Ourthe (
Dordogne.....	552	402,465	1,213	Périgueux......	116	7,898	2,542,804	
Doubs........	229	216,226	944	Besançon.....	91	25,900	1,064,163	N-D
Drome........	285	235,557	831	Valence.......	138	6,633	1,315,101	
Dord........								

ENS DE LA FRANCE.

	DÉPARTEMENS PAR ORDRE ALPHABÉTIQUE.	ÉTENDUE EN LIEUES CARRÉES.	POPULATION GÉNÉRALE.	NOMBRE D'HABITANS PAR LIEUE CARRÉE.	CHEFS-LIEUX.	DISTANCE DE PARIS.	NOMBRE D'HABITANS dans les chefs-lieux.	NOMBRE d'Arpens carrés PAR DÉPARTEMENT.
,810	Lot et Garonne..	259	523,940	1,355	Agen........	156	10,500	1,100,655
,452	Lozère........	210	126,505	602	Mende.......	155	5,000	975,870
,570	La Lys........	166	459,197	2,765	Bruges.......	70	56,000	771,402
,104	Maine et Loire..	302	375,544	1,243	Angers.......	67	54,500	1,405,394
3,511	Manche........	285	550,631	1,861	Saint-Lô.....	68	7,300	1,324,595
3,931	Marne........	547	504,661	878	Châlons......	41	12,800	1,612,509
64,165	Marne (Haute-)..	266	226,655	1,003	Chaumont.....	59	5,253	1,236,102
6,987	Mayenne......	219	305,654	1,395	Laval.......	64	14,850	1,017,895
,634	Meurthe......	265	528,115	1,238	Nancy.......	83	29,400	1,231,455
4,279	Meuse........	255	269,522	1,057	Bar-sur-Ornin....	62	9,200	1,184,985
4,690	Meuse-Inférieure.	150	232,662	1,551	Maestricht.....	94	15,000	697,050
51,919	Mont-Blanc.....	267	275,981	1,033	Chambéry......	129	11,428	1,240,749
71,044	Mont-Terrible (1).							
119,927	Mont-Tonnerre..	217	419,700	1,934	Mayence......	120	8,290	1,008,599
,115,280	Morbihan......	192	401,215	2,089	Vannes.......	108	9,151	892,224
,138,515	Moselle.......	277	548,141	1,257	Metz.......	76	57,000	1,287,219
,394,100	Nèthes (Les Deux-).	117	254,669	2,176	Anvers......	78	58,000	543,699
,440,570	Nièvre........	285	232,590	821	Nevers......	58	11,846	1,315,101
,166,397	Nord.........	244	765,001	3,135	Douay.......	49	17,855	2,133,868
,700,802	Oise.........	248	530,804	1,534	Beauvais.....	16	12,450	1,152,456
,440,570	Orne.........	272	597,568	2,461	Alençon.....	45	12,954	2,263,984
,133,868	Ourthe (l')....	177	527,121	2,848	Liège......	88	50,000	822,519
,542,804	Pas-de-Calais...	280	556,...	...	...	44	21,...	...
2,064,165	Puy-de-Dôme....	331	499,603	1,509	Clermont.....	97	50,000	1,558,157
2,315,101	Pyrénées (Hautes-).	195	174,751	905	Tarbes.......	192	6,210	896,871
655,227	Pyrénées (Basses).	317	355,573	1,121	Pau.......	207	8,756	1,473,000

CHARENTE INFÉRIEURE..								
CHER.........	310	217,785	702	Bourges,......	58	16,253	1,440,978	NIÈVRE
CORRÈZE.....	251	235,557	953	Tulles.......	113	9,662	2,166,397	NORD.
CÔTE-D'OR.....	366	550,932	904	Dijon........	73	20,900	1,700,802	OISE. .
CÔTES-DU-NORD.	310	502,727	1,621	Saint-Brieux....	108	7,600	1,440,570	ORNE.
CREUSE........	244	218,041	892	Guéret.......	79	3,579	1,133,868	OURTH
DORDOGNE......	352	403,465	1,212	Périgueux...	116	7,898	1,542,804	PAS DE
DOUBS.........	239	216,226	944	Besançon.....	91	25,500	2,064,163	PUY-DE
DROME........	285	255,557	831	Valence.......	138	6,633	2,515,101	PYRÉN
DYLE (LA)......	141	363,681	2,579	Bruxelles......	69	82,000	655,227	PYRÉN
ESCAUT (L').....	118	591,619	5,013	Gand.......	70	55,000	548,346	PYRÉN
EURE........	265	402,776	1,531	Évreux.......	25	8,000	1,222,161	RHIN (
EURE ET LOIR....	256	257,793	1,007	Chartres......	20	15,000	2.189.632	RHIN (
FINISTÈRE.....	250	439,046	1,756	Quimper.....	133	8,512	1,061,770	RHIN (
FORÊTS (DES).....	289	202,426	700	Luxembourg.....	91	8,696	1,542,973	ROËRE
GARD	249	300,144	1,245	Nismes.......	175	40,000	2,157,103	RHÔNE
GARONNE (HAUTE-).	315	405,574	1,287	Toulouse......	169	52,612	1,463,805	SAMBRE
GERS........	281	270,609	963	Auch........	177	8,540	1,305,807	SARRE
GIRONDE........	426	497,529	1,167	Bordeaux......	148	110,500	2,979,622	SARTH
GOLO (Ile de Corse)..	218	103,448	474	Bastia...	290	10,000	1,013,046	SAÔNE
HÉRAULT......	271	275,413	1,016	Montpellier....	186	53,900	1,259,337	SAÔNE
ILE ET VILLAINE.	185	488,846	2,642	Rennes.......	83	30,160	859,695	SEINE
INDRE.........	288	205,628	714	Château-Roux....	65	7,503	1,528,325	SEINE I
INDRE ET LOIRE...	277	268,934	970	Tours. ;	57	21,500	1,287,219	SEINE E
ISÈRE........	315	435,888	1,383	Grenoble......	138	20,000	1,463,805	SEINE E
JEMMAPE........	159	412,760	2,596	Mons........	57	23,000	738,873	SÈVRES
JURA........	206	288,251	1,399	Lons-le-Saulnier...	93	6,700	957,282	SOMME.
LANDES.,.....	376	224,562	596	Mont de Marsan...	192	4,500	1,747,272	TARN.
LÉMAN........	112	201,568	1,799	Genève....	145	40,000	520,464	VAR. .
LIAMONE (Ile de Corse).	194	80,448	414	Ajaccio.......	500	7,000	901,518	VAUCLU
LOIR ET CHER....	253	209,957	829	Blois.......	42	13,280	1,075,691	VENDÉ
LOIRE (LA)......	150	250,905	1,939	Montbrison.....	108	5,000	697,050	VIENNE
LOIRE (HAUTE-)...	207	235,888	1,159	Puy........	140	11,060	961,929	VIENNE
LOIRE-INFÉRIEURE.	296	369,505	1,247	Nantes.......	86	79,800	1,375,512	VOSGE
LOIRET........	283	286,152	1,011	Orléans......	28	41,529	2,515,101	YONNE.
LOT.........	299	577,507	1,261	Cahors......	142	12,000	1,589,455	(1) Il e

NORD	244	765,001	3,135	Douay	49	17,855	1,133,868
OISE	248	330,804	1,334	Beauvais	16	12,450	1,151,456
ORNE	272	597,568	1,461	Alençon	45	12,954	1,263,984
OURTHE (L').	177	527,121	1,248	Liège	88	50,000	822,519
PAS DE CALAIS	280	654,186			44	33,000	1,501,160
PUY-DE-DÔME	531	499,663	1,509	Clermont	97	50,000	1,538,157
PYRÉNÉES (HAUTES-).	193	174,751	905	Tarbes	192	6,210	896,871
PYRÉNÉES (BASSES).	317	355,573	2,121	Pau	207	8,756	1,473,099
PYRÉNÉES-ORIENTALES.	169	110,752	655	Perpignan	221	9,154	785,343
RHIN ET MOZELLE.	247	270,000	1,093	Coblentz	116	12,000	1,147,869
RHIN (HAUT-)	227	518,940	1,405	Colmar	116	13,500	1,054,869
RHIN (BAS-)	200	448,483	2,242	Strasbourg	116	48,000	929,400
ROËRE (LA)	221	605,900	2,732	Aix-la-Chapelle.	94	. . . .	1,026,987
RHÔNE (LE)	112	345,570	3,085	Lyon	110	102,300	620,464
SAMBRE ET MEUSE.	188	154,828	823	Namur	60	13,400	873,636
SARRE (LA)	204	520,000	1,568	Trèves	94	. . . .	947,988
SARTHE	269	388,143	2,442	Le Mans	45	18,860	1,250,043
SAÔNE (HAUTE-).	205	264,073	1,288	Vesoul	85	5,303	952,635
SAÔNE ET LOIRE.	357	452,673	1,268	Mâcon	97	12,000	1,658,975
SEINE	21	720,000	54,285	Paris	0	670,000	97,587
SEINE INFÉRIEURE.	357	600,945	1,683	Rouen	30	85,000	1,658,979
SEINE ET MARNE.	251	299,160	1,191	Melun	12	5,500	1,166,397
SEINE ET OISE	242	421,505	1,741	Versailles	4	35,093	1,124,574
SÈVRES (LES DEUX-).	242	241,916	999	Niort	105	11,515	1,124,574
SOMME	253	459,255	1,815	Amiens	51	40,000	1,175,691
TARN	242	270,408	1,117	Alby	168	11,127	1,124,574
VAR	505	271,705	896	Draguignan	214	6,115	1,408,041
VAUCLUSE	97	191,421	1,973	Avignon	171	24,000	450,759
VENDÉE	284	243,425	857	Fontenay	108	5,960	1,319,748
VIENNE	288	240,990	836	Poitiers	87	18,284	1,538,356
VIENNE (HAUTE-).	240	244,950	1,020	Limoges	95	20,864	1,115,280
VOSGES	247	308,920	1,250	Epinal	87	6,688	1,147,809
YONNE	527	320,596	980	Auxerre	44	12,000	1,319,569

(1) Il est maintenant compris dans le département du Haut-Rhin.

Par la réunion du Piémont, la France a acquis six nouveaux départemens, savoir : la Doire, l'Éridan, Marengo, la Sésia, la Stura, et le Ténaro.

LE ROYAUME D'ESPAGNE.

La fondation de la monachie d'Espagne ne date que de l'année 1491. Ce fut Ferdinand Ier. qui chassa les Arabes de la Grenade, après avoir uni le royaume d'Aragon à celui de Castille, en épousant Isabelle, reine de cette dernière partie de l'Espagne. Avant le règne de Ferdinand, l'Espagne avait été envahie par les Arabes ; elle n'est devenue puissante, que depuis qu'ils en ont été expulsés. Il y a un peu plus d'un siècle, que l'Espagne était regardée comme le royaume le plus riche et le plus redoutable de l'Europe. C'est une opinion générale, et cette opinion est confirmée par les gens les plus instruits, que l'Espagne n'a commencé à se dépeupler et à tomber en décadence, qu'à l'époque de l'expulsion des Maures, en 1508 ; et que la gloire de l'Espagne, qui datait du règne de Ferdinand, s'éclipsa cinquante ans après, lorsque Charles-Quint, par la conquête du Mexique et du Pérou, ouvrit la route de la fortune à ses sujets, et les porta à l'émigration.

L'or venait par millions, chaque année, et les Espagnols s'en allaient en Amérique en très-grand nombre,

C

guidés par l'espérance d'avoir leur part dans les richesses qu'offraient les mines nouvellement découvertes.

Un gouvernement mal dirigé, l'agriculture abandonnée, l'industrie sans encouragement, l'introduction d'un métal précieux, et dont l'abondance amène toujours le luxe et la paresse, toutes ces causes réunies réduisirent insensiblement le pouvoir et l'importance de l'Espagne; et les projets bizarres et insensés de Philippe II, ne firent que hâter la décadence de cet Etat.

L'Espagne qui occupait le premier rang en Europe, par son pouvoir et ses richesses, n'est plus regardée que comme une puissance secondaire; et, depuis la révolution de France, elle a montré un défaut d'énergie, que l'influence de ses richesses, disproportionnées à son industrie, ne saurait excuser.

La forme du gouvernement est monarchique et héréditaire. Le cortez est un corps délibérant, destiné, comme les états-généraux de France, avant la révolution, à contrôler le pouvoir exécutif; mais, comme ceux-ci, ce corps, depuis bien long-tems, n'a pas été convoqué; et si l'on vient à l'appeler, il pourra bien arriver ce qui a eu lieu en France, quand on a convoqué les derniers états-généraux.

Étendue en milles carrés. 148,000
Nombre d'habitans. 11,000,000
Individus par mille carrré. 74
Étendue en acres anglaises. 94,000,000

(35)

Acres de terre par personne. 8 1/2
Revenus en livres sterlings. 14,000,000
Montant de la dette publique. 48,000,000
Forces de terre, en tems de paix 104,000
Idem de terre, en tems de guerre. 250,000
Matelots en tems de paix. 40,000
Idem, en tems de guerre. 104,000
Vaisseaux de ligne. 74
Frégates et sloops. 56
Côtes de mer (lieues). 466
Habitans de la capitale. 140,000
Nombre d'acres en culture. 40,000,000
Idem, de paroisses. 19,600
Exportations en Angleterre par an, depuis 10 ans. . 600,000
Importations de l'Angleterre. 1,400,000
Clergé, nombre. 300,000
Revenus du clergé. 0
Grandes divisions du pays. 15

VILLES PRINCIPALES.

Madrid, capitale; Cadix; Valence; Séville.

Longitude du point central, 4 d. 11 m. (ouest).
Latitude, idem, 39 d. 50 m. (nord).
Longitude de la ville capitale, 3 d. 25 m. 15 s. (ouest).
Latitude, idem, 40 d. 26 m. (nord).
Montant des taxes par personne . . . 1 schelling 5 s. 5 d.

Les produits de l'Espagne sont des vins, des fruits de toute espèce, des olives, des grains, du riz, du safran, de la barille, du salpêtre, des bestiaux de toute sorte, de l'or, de l'argent, du fer, du plomb, du cuivre, du vif-argent, du cinabre et de l'antimoine.

C 2

LA GRANDE-BRETAGNE

ET

L'IRLANDE.

La Grande-Bretagne fut nommée par les Romains *Britannia*. Après l'avoir envahie, l'an 55 de la naissance de J. C., ils la gardèrent sous leur domination, jusqu'à l'année 446. Les Danois et les Saxons s'en emparèrent alternativement, jusqu'à l'invasion de Guillaume-le-Conquérant, qui eut lieu, l'an 1066. La conquête de l'Irlande se fit en 1172, et celle du pays de Galles, en 1284. Jacques Ier. réunit les couronnes d'Angleterre et d'Ecosse, l'an 1603. Ce ne fut qu'en 1706, que les deux parlemens n'en firent plus qu'un ; la même chose arriva en 1800 pour le parlement d'Irlande et celui d'Angleterre, de sorte que pour les trois royaumes, il n'y a plus qu'un seul parlement.

La forme du gouvernement est monarchique, le trône est héréditaire dans la maison de Brunswick, et les femmes n'en sont point exclues. Le roi, la chambre des lords, et la chambre des communes sont revêtus du pouvoir législatif. Mais le pouvoir exécutif appartient au roi seul, assisté d'un conseil qui est à sa nomination (1).

L'Angleterre est aujourd'hui la nation la plus commerçante et la plus manufacturière de l'Europe. C'est aussi la première puissance maritime. Ses revenus et ses dépenses surpassent ceux des autres nations.

L'usage des machines poussé à un très-haut point, et la manière dont on les a perfectionnées, n'ont pas peu contribué à sa prospérité. On est parvenu à épargner le travail de trois millions de personnes; de sorte qu'on fait fabriquer une grande quantité de mousselines et autres étoffes de toute espèce, par des ouvriers inanimés, si l'on peut les appeler ainsi, dont la première dépense et les frais de réparation ne montent pas à une pence et demi par jour, sur le produit d'un schelling de travail.

L'économie qui en résulte dans la dépense des objets manufacturés, et de 3,000,000 de livres tournois ou de 126,000 liv. sterl. C'est à cette grande industrie, que l'Angleterre doit la facilité qu'elle a eue jusqu'à présent, de supporter ses dépenses annuelles.

----

(1) Cette forme de gouvernement est la plus sage qu'on ait encore pu trouver; elle tient le milieu entre la monarchie absolue, le système fédératif qui est si dangereux, et celui d'une parfaite égalité, qui n'est qu'une chimère.

C 3

L'Angleterre est un pays fertile et bien cultivé ; mais elle exporte peu de ses produits. Depuis quelques années, elle ne recueille pas assez de grains pour sa propre consommation.

Étendue en milles carrés. 104,000
Nombre d'habitans. 14,000,000
Individus par mille carré. 136
Étendue en acres anglaises. 67,000,000
Acres par chaque personne. 4 3/4
Nombre d'acres en culture. 40,000,000
Revenus en livres sterlings. 27,000,000
Montant de la dette publique. 400,000,000
Forces de terre, en tems de paix. 45,000
Idem, en tems de guerre. 350,000
Matelots, en tems de paix. 18,000
Idem, en tems de guerre. 112,000
Vaisseaux de ligne. 187
Frégates et sloops. 441
Étendue de côtes de mer (lieues). 1,200
Tonnage des vaisseaux marchands 1,800,000
Habitans de la capitale (Londres). 1,100,000
Paroisses en Angleterre. 9,000
Idem, en Écosse. 1,000
Exportations par tout pays. 30,000,000
Importations, idem 25,000,000
Dépenses pour maintenir les pauvres. 3,000,000
Idem, pour le clergé. 7,000,000
Grandes divisions du pays. Angleterre, Écosse, pays de Galles, Irlande, ci. 4
Divisions en comtés. 117

VILLES PRINCIPALES.

Dublin, Edimbourg, Yorck, Liverpool, Bristol, Newcastle.

Longitude du point central, 1 d. 3 m. (ouest).

Latitude, *idem*, 53 d. 40 m. (nord).

Longitude de la capitale, o d. o m. Cet ouvrage, et la plupart des ouvrages semblables, sont calculés, à Paris, du méridien de la capitale (Londres).

Latitude, *idem*, 51 d. 31 m. (nord).

Taxes par personne. . . . . 1 l. 18 s. 3 d.

Intérêt de l'argent en Angleterre et en Ecosse. . 5 pour cent.

En Irlande. 6

Religions ; protestante, luthérienne, calviniste ; toutes les sectes y sont tolérées.

LE ROYAUME DE PRUSSE.

Jusqu'a l'année 1656, la Prusse n'était qu'un fief de la Pologne, qu'elle a détruite, et dont elle possède une partie.

Ce fut sous C. Frédéric Guillaume, alors duc de Prusse et marquis de Brandebourg, grand prince et grand homme de guerre, que la Prusse se déclara indépendante de la Pologne. L'an 1701, elle fut érigée en royaume, sous Charles Frédéric III, dont la conduite politique fut telle, que, malgré le peu d'importance et le peu d'étendue de ses Etats, il fut reconnu roi par toutes les puissance de l'Europe.

Ce fut lorsque Frédéric II, mieux connu sous le nom de Frédéric-le Grand, monta sur le trône, en 1740, que la Prusse commença à s'élever au rang des principales puissances de l'Europe, rang que ce roi philosophe soutint et justifia jusqu'à sa mort, arrivée en 1736. Il augmenta peu-à-peu l'étendue de ses Etats, et soutint des guerres longues et presque désespérées, avec des voisins redoutables ; il en sortit avec gloire, et les termina à son avantage. Malgré ces guerres, et quoiqu'il ne jouît que d'un revenu très-borné, Frédéric consacrait annuellement plus d'un demi-million sterling à encourager les arts et à faire prospérer l'industrie dans son royaume ; et, tandis que les grandes puissances de l'Europe s'endettaient, ce monarque laissa, à sa mort, des sommes considérables dans son trésor. Il donna ordre à son chancelier de faire un meilleur code de lois pour ses sujets et son successeur.

Etendue en milles carrés. 56,000
Nombre des habitans. 5,500,000
Individus par mille carré. 90
Etendue en acres anglaises. 34,000,000
Acres par chaque personne. 6
Revenus en livres sterlings 4,200,000
Forces de terre, en tems de paix. 224,000
Idem, en tems de guerre.. 350,000
Côtes de mer, lieues. 50
Habitans de la capitale. 80,000
Acres cultivées. 25,000,000
Grandes divisions du pays. 6
Petites, idem. 27

VILLES PRINCIPALES.

Berlin, capitale ; Breslaw ; Konigsberg.

Longitude de la capitale, 13 d. 22 m. 30 s. (est).
Latitude, idem, 52 d. 31 m. 30 s. (nord).
Taxes par personne. . . . . 14 schellings 6 d.
Religion, protestante.

Les productions de la Prusse sont des grains de toute espèce, des fruits, du lin, du chanvre, du houblon, chevaux, bestiaux, moutons, métaux et bois de construction.

NAPLES ET LES DEUX SICILES.

Naples et les deux Siciles, comme d'autres Etats de l'Italie, ont éprouvé un grand nombre de changemens, qui ont été généralement de peu d'importance, excepté dans le moment où ils ont eu lieu. Ce royaume tomba alternativement entre les mains des Allemands, des Français, des Espagnols, pendant plusieurs siècles. Ferdinand IV, troisième fils de Charles III, roi d'Espagne, fut créé roi des deux Siciles en 1754, et commença à régner l'an 1767. Il fut expressément stipulé que Naples et les deux Siciles ne seraient jamais réunies de nouveau à la couronne d'Espagne.

Le territoire de Naples est extrêmement fertile, et le pays est riche en productions; mais le peuple y est paresseux, turbulent et mutin: aussi Naples n'a jamais été ni puissant, ni tranquille. Il y a dans ce royaume une classe de peuple inconnue à tout autre pays, et distinguée sous le nom des *Lazaronis*, qui, à la faveur d'un climat extrêmement doux, vivent à l'air, et qui par la discipline qu'ils ont établie entre eux, et par leur grand nombre, sont devenus redoutables et à la cour et au peuple. Il n'est pas encore aisé de dire si la présente guerre apportera quelque changement dans ces

Etats; mais la meilleure garantie de l'existence du royaume de Naples se trouve dans les liens du sang, qui unissent Ferdinand au roi d'Espagne et au roi de Bohème et de Hongrie.

Etendue en milles carrés.	50,000
Nombre d'habitans.	6,000,000
Individus par mille carré.	200
Etendue en acres anglaises.	19,200,000
Acres par chaque personne.	3 1/3
Revenus en livres sterlings.	1,400,000
Forces de terre, en tems de paix.	34,000
Idem, en tems de guerre.	80,000
Matelots, en tems de paix.	5,500
Idem, en tems de guerre.	8,000
Vaisseaux de ligne.	4
Frégates, sloops, galiotes et galères.	23
Côtes de mer, lieues.	586
Habitans de la capitale.	380,000

Le revenu du clergé est estimé être de la moitié des revenus de l'État, et embrasser le tiers des terres. Il s'élève à 200,000 individus.

Grandes divisions du pays.	4
Petites divisions.	19

VILLLES PRINCIPALES.
Naples, Palerme, Bari, Cataneo.

Longitude du point central en Italie, 15 d. 10 m. (est).
Latitude *idem*, 41 d. (nord).
Longitude de la capitale, 14 d. 12 m. (est).
Latitude *idem*, 40 d. 50 m. (nord).
Taxes par personnes. . . . . 4 schellings 9 d.
Religion, catholique-romaine.

Naples et les deux Siciles produisent des grains, d'excellens fruits, des olives, du vin, du riz, du tabac, du coton, des bestiaux; or, argent, fer, marbre, albâtre, charbon de terre, etc.

LE ROYAUME DE PORTUGAL.

Lᴇ Portugal peut être considéré comme un diminutif de l'Espagne : car, le sol, le climat, la situation du pays sont à-peu-près les mêmes. Comme l'Espagne, il a été long-tems riche et puissant par ses possessions du dehors ; et, comme l'Espagne, il est bien déchu du rang dont il jouissait parmi les nations de l'Europe.

Le gouvernement y est despotique ; la couronne est héréditaire pour les deux sexes, dans la maison de Bragance.

Les Portugais sont les premiers qui ont doublé le cap de Bonne-Espérance ; ce sont eux aussi qui ont découvert le Brésil, vers la fin du 16ᵉ. siècle ; ils étaient, après les Espagnols, le peuple le plus riche et le plus brillant de l'Europe. Mais, comme l'importance du Portugal tenait à ses possessions lointaines, elle s'est évanouie, quand il les a perdues ; et il a prouvé qu'elles ne sont pas un solide fondement de grandeur.

L'agriculture, l'industrie et les manufactures sont les vraies sources de la prospérité ; elles seules

peuvent la soutenir, en maintenant toujours le peuple dans de bonnes habitudes. L'affluence de l'or tarit
les véritables sources de la puissance et les rem-
place par des sources fausses, qui, en disparaissant
insensiblement, laissent une nation sans la moindre
activité, incapable de maintenir un rang auquel la
nature l'avait destinée.

Les métaux précieux que le Portugal importe du
Brésil, n'y restent que peu de tems. Ils sont bientôt
employés à acheter les marchandises manufacturées
chez d'autres nations plus industrieuses.

Il tire environ deux millions sterlings du Brésil,
chaque année.

Etendue en milles carrés.	27,000
Nombre des habitans.	1,833,000
Individus par mille carré	67
Etendue en acres anglaises	17,280,000
Acres de terre par personne.	10
Revenus en livres sterlings.	2,150,000
Montant de la dette publique.	4,000,000
Forces de terre, en tems de paix.	36,000
Idem, en tems de guerre.	60,000
Matelots, en tems de paix.	12,000
Idem, en tems de guerre.	22,000
Vaisseaux de 40 à 80 canons.	18
Frégates et Sloops.	40
Habitans dans la capitale.	120,000
Clergé, personnes.	200,000
Paroisses.	5,500
Grandes divisions du pays.	5
Taxe par personne.	1 l. 3 s. 2 d.
Côtes de mer, lieues.	166

VILLES PRINCIPALES.

Lisbonne, Oporto.

Longitude de la capitale; c'est la ville la plus occidentale de l'Europe, 9 d. 9 m. 15 s. (ouest).

Latitude, *Idem*, 38 d. 42 m. 20 s. (nord).

Longitude du point central, 8 d. 20 m. (ouest).

Latitude, *idem*, 39 d. 50 m. (nord).

Religion, catholique-Romaine, aucune autre n'yest tolérée.

Les productions du Portugal sont à-peu-près les mêmes que celles de l'Espagne. L'espèce de vin qu'on appelle *vin d'Oporto*, est très-recherchée dans le nord de l'Europe, et plus encore en Angleterre que dans tout autre pays. Le Portugal produit une très-grande quantité de ce vin, qui forme l'objet principal de ses exportations.

LA SARDAIGNE ET LA SAVOIE.

Ce royame consiste dans l'île de Sardaigne, située dans la mer Méditerranée, et le duché de Savoie, au nord-ouest de l'Italie ; il comprend aussi le Piémont et quelques autres dépendances.

C'est un de ces royaumes, qui ont dû leur importance politique, principalement aux talens de leurs rois et aux liens du sang avec quelques-uns des potentats de l'Europe.

Il est avantageusement placé au milieu des Alpes, qui lui forment des remparts ; il est habité par un peuple brave et dont les mœurs sont pures. Quoique ses possessions continentales soient peu considérables, il ne laisse pas que de jouir d'une certaine indépendance ; et, si les rois de Sardaigne n'ont jamais été regardés comme chefs dans les guerres d'Europe, néanmoins leur amitié était recherchée, et on les craignait comme des ennemis redoutables, quand ils joignaient leurs armes à celles de quelques autres puissances. Depuis l'année 1016, la famille régnante a gouverné la Savoie, quoique ce ne soit que depuis l'année 1718, que la Sardaigne y a été réunie, et que ces Etats ont pris le titre de royaume.

La dernière guerre a été tellement dispendieuse,

que l'importance des petits États, qui n'ont qu'un revenu modique, doit beaucoup diminuer ; et voilà ce
qui est arrivé à la Sardaigne, qui a perdu ses possessions continentales.

Etendue en milles carrés. 20,000
Nombre des habitans. 3,255,000
Individus par mille carré. 162
Etendue en acres anglaises. 12,800,000
Individus par acres. . - 4
Revenus en livres sterlings. 1,820,000
Dette publique. 0
Forces de terre, en tems de paix. 38,000
Idem , en tems de guerre. 100,000
Matelots, en tems de paix. 6,000
Idem , en tems de guerre. 10,000
Vaisseaux de ligne, frégates, galères, etc. 52
Côtes de mer. 0
Habitans de la capitale. 82,000
Grandes divisions du pays. 5
Petites divisions. 19

VILLES PRINCIPALES.

Turin, Vercelli, Cagliari.

Longitude du point central, 7 d. 30 m. (est).
Latitude , idem , 45 d. (nord).
Longitude de la capitale, 7 d. 40 m. (est).
Latitude, idem , 44 d. 5 m. (nord).
Montant des taxes par personne. . . . . . . 10 s. 6 d.
Religion, catholique-Romaine.

La Savoie est un pays stérile ; mais le Piémont et
la Sardaigne abondent en toutes sortes de productions
de l'Italie, telles que vins , maïs, huiles , fruits de
toute espèce , et un grand nombre de bestiaux. Elle
produit aussi une très-grande quantité de soie.

LES

LES SEPT PROVINCES-UNIES.

Les 17 provinces qui appartenaient aux ducs de Bourgogne, passèrent, par des mariages, à la maison d'Autriche, l'an 1447 ; et ensuite par la même voie, à la courone d'Espagne. Mais un certain nombre de ces provinces, s'arma bientôt pour la liberté ; et, après avoir déployé la plus grande bravoure, et montré une persévérance rare, pendant 80 ans, sept de ces mêmes provinces obtinrent une liberté qu'elles avaient si bien méritée par leurs efforts. La Hollande étant la principale de ces sept provinces, on a pris l'habitude de les dénommer sous ce seul nom.

La Hollande devint le pays le plus commerçant du monde, et conséquemment une puissance riche et formidable, tant par mer que par terre, mais sur-tout par mer.

Cependant cette prospérité, ainsi que c'est l'usage, ne fut pas de longue durée : car, si elle n'introduisit pas immédiatement le luxe et l'indolence en Hollande, comme cela est arrivé en Portugal et en Espagne, elle relâcha néanmoins les nerfs de l'industrie ; et les marchands, qui ne spéculaient que pour eux, se contentèrent de profits moins considérables

D

mais plus sûrs ; ils devinrent courtiers et facteurs. Depuis ce tems, la Hollande est allée en déclinant. La mésintelligence, les mécontentemens et les factions ont aussi contribué à faire redescendre cette puissance qui était au premier rang, au-dessous du second, ou plutôt à en faire en quelque sorte une province de France ; mais cela ne durera pas long-tems, selon les apparences.

Etendue en milles carrés. 10,000
Nombre d'habitans. 2,758,000
Individus par mille carré 257
Etendue en acres anglaises 6,400,000
Acres de terre par chaque personne. 2 1/5
Revenus en livres sterlings 3,500,000
Dette publique. 11,000,000
Forces de terre, en tems de paix 36,000
Idem, en tems de guerre. 0
Matelots, en tems de paix. 16,000
Idem, en tems de guerre. 40,000
Vaisseaux de ligne. 40
Frégates, Sloops, Galiotes. 50
Habitans de la capitale. 212,000
Paroisses, à-peu-près 1,600
Exportations en Angleterre. 600,000
Montant des importations d'Angleterre. 1,900,000
Côtes de mer. 256
Grandes divisions du pays. 9

VILLES PRINCIPALES.

Amsterdam, Rotterdam, Leyde, Harlem, La Haye.

Longitude de la capitale, 5 d. 4 m. (est).
Latitude, *idem*, 52 d. 22 m. (nord).
Longitude du point central, 5 d. 30 m. (est).
Latitude, 54 d. (nord).
Montant des taxes par personne. . . . . . 1 l. 12. s. 3 d.
Religion. Calviniste ; mais toutes y sont tolérées.

Il n'est pas de pays mieux cultivé et plus productif pour son étendue ; mais sa population est si considérable, que toutes ses productions s'y consomment ordinairement. Le beurre, le fromage, les viandes et poissons salés sont les seuls objets d'exportation. Ce peuple industrieux et infatigable s'occupe beaucoup, et avec grand succès, de la pêche. Toute espèce d'industrie y est maintenant sur son déclin.

Outre les quatorze Puissances qui viennent d'être représentées sur la carte, il y aurait encore les petits Etats dont nous allons parler.

	ÉTENDUE en milles carrés.	POPULATION.	REVENUS.
Venise	13,800	2,600,000	1,800,000
La Suisse. (1) . .	15,000	2,000,000	1,000,000
Etats de l'Eglise.	13,800	2,000,000	800,000
Toscane	7,000	1,250,000	580,000
Genève.	1,440	400,000	180,000
Parme	1,440	300,000	170,000
Modène	1,440	320,000	140,000
Raguse	352	56,000	20,000
Malte	128	150,000	. . . . . .
Lucques	288	120,000	75,000
Monaco	40	10,000	17,000
Saint-Marin . . .	32	5,000	5,000

(1) Le Valais formera un Etat libre et indépendant, séparé de la République Hévéltique et des Etats adjacens, sous la protection des trois Républiques Française, Helvétique et Italienne, qui se rendent garantes à cet effet. La France a déclaré que les dispositions de l'article 11 du traité de Lunéville, par lesquelles elle a garanti l'indépendance de la République Helvétique, demeurent applicables au Valais, comme partie de la République Helvétique, à l'époque du traité.

D 2

Comme nous avons déjà fait quelques observations sur l'imperfection de nos connaissances statistiques, tant parce qu'il est un grand nombre de choses que nous ignorons tout-à-fait, que parce qu'il en est d'autres sur lesquelles nous n'avons que des données superficielles ; nous avons pensé qu'il était utile d'ajouter ici la liste suivante, qui, si elle était remplie pour chaque Etat dont nous avons donné les principales descriptions, ferait un tableau statistique de l'Europe. Mais nous devons ajouter qu'il serait difficile de la remplir, sans être aidé par le gouvernement.

1°. Prix commun du fermage des terres.

2°. Prix commun du travail, à la journée.

3°. Prix du travail des artisans.

4°. Paye du soldat.

5°. Prix commun du pain.

6°. Prix de la viande de boucherie.

7°. Le nombre des salariés de l'Etat, leur traitement commun.

8°. ⎧ Le nombre des pauvres.

9°. ⎩ Dépenses qu'ils occasionnent.

10°. Le nombre des hommes de loi.

11°. Clergé, ses revenus.

12°. Navigation intérieure, son étendue.

13°. Quantité de chevaux.

14°. Criminels exécutés par an.

15°. Criminels déportés.

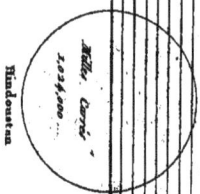

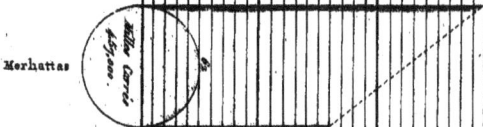

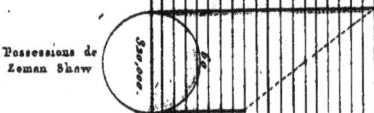

Pl. 59

CARTE
de
L'HINDOUSTAN

Hindoustan
Milles Carrés
1,024,000

Merhattas
Milles Carrés

Pays en Balance
avec les Anglais
Milles Carrés

Possessions de
Zeman Shaw
500,000.

Alliés et Tributaires
des Anglais
255,000.

Territoires Anglais
227,000.

Bengale Bahar
et Orissa
185,000.

Nizam

Trippo Saib
avant 1792

Seikes

Trippo Saib
après 1792

Oude

Carnate

Millions
Millions

Gravé par Tardieu

16º. Ceux en prison, ceux en jugement.

17º. Argent monnaie, sa quantité.

18º. Le nombre des banques.

19º. Estimation du papier en circulation.

20º. Grains exportés. }
21º. *Idem* importés. } Année commune.

22º. Le nombre des débiteurs en prison.

23º. Revenus aproximatifs des individus.

24º. Consommation des grains.

25º. Quantité des ouvrages faits par des machines.

26º. Quantité des ouvrages faits par des pompes à feu.

27º. Prix des voyageurs en poste, avec deux chevaux.

28º. Le nombre des banqueroutes.

29º. Balance du commerce.

L'INDOSTAN.

CETTE intéressante partie du globe est comprise entre le 70e. et le 90e. degré de longitude, et entre le 8e. et le 35e. de latitude nord. Ses limites générales sont, au nord, le royaume de Thibet, dont il est séparé par les montagnes de l'Indou *Khou*; au sud, le grand Océan indien ; à l'est, la rivière Burrampouter et la baie de Bengale ; et à l'ouest, le fleuve Indus, la Perse et le golfe arabique.

La population de l'Indostan n'est pas aussi considérable qu'on pourrait l'imaginer ; car il faut remarquer que, si les colonies anglaises de l'Inde sont très-peuplées, il y a d'autres parties très-peu habitées.

Les revenus de l'Indostan, depuis le règne d'Aurengzèbe, qui mourut en 1707, ont toujours été en diminuant. Il est vrai que les Provinces du Bengale et de Bahar, sous la sage administration de nos derniers gouverneurs-généraux, ont éprouvé un effet tout contraire ; et que les colonies orientales de l'Angleterre, par suite des mesures sages de l'adminis-

Pl. 4.

CARTE Statistique de L'HINDOUSTAN, représentant les Grandes et Petites Divisions, et les Possessions de Zéman Shaw.

HINDOUSTAN

Total des Pays compris sous le nom D'HINDOUSTAN et Possessions de Zéman Shaw

Mehattas — 439,744

Zéman Shaw — 300,000

Contrées où les Anglais ont des Relations — 455,000

Territoire Anglais — 235,000

Alliés ou tributaires des Anglais — 235,000

Nizam — 100,800

Soikes — 62,900

Tippo Saib avant 1792 — 62,000

Tippo Saib après 1792 — 31,000

Oude — 33,000

Carnate — 17,000

Pays Indépendant

Mogols Dominans — Milles Carré

Renommé ce Pays à 32 Milliens

Angleterre et Irelande le même
Province sur le Échelle pour servir de Comparaison

Pays de L'HINDOUSTAN du Sud de la Rivière Kistnah

Alliés des Anglais

Péninsule

Carnate — 14,000

Territoire des Anglais — 33,000

Nizam — 54,800

Mysore — 23,300

Mahrattes — 22,800

Coimbetore — 2,000

Cochin et Travancore — 9,000

Bargamahl — 7,700

Malabar — 8,800

Canara — 6,800

Anglaise — 24,000

Balax et Orissa — Bengale

Pays de L'HINDOUSTAN du Nord de la Rivière Kistnah

Hindoustan — Milles Carré

Mahrattes — 368,000

Territoire Anglais — 28,750

Soikes — 63,900

Nizam — 72,000

Oude — 33,000

Circars — 17,500

Bombay et Salcette — 2,000

Mogole — 2,000

Alliés des Anglais — 21,800

Gravé par Tardieu

...ration actuelle , acquièrent tous les jours une augmentation de revenus et de population.

La situation de l'Indostan est parfaitement convenable au commerce , tant intérieur que maritime.

Ses côtes , qui sont fort étendues , et sur - tout celle de la Péninsule , lui donnent presque tous les avantages d'une île. D'ailleurs , les produits de l'Indostan propre , descendent facilement dans les ports du golfe arabique , et à la baie du Bengale , par le fleuve Indus , le Gange et le Berrampouter.

Le commerce intérieur de l'Indostan se fait par le moyen des caravanes avec Boutan , Thibet , Siam , la Tartarie et la Perse. Quoique l'or et l'argent ne soient pas des productions de l'Indostan , cependant il s'y importe annuellement une énorme quantité de métaux , tant par mer que par terre , en échange de ses divers articles , qui ont une très - grande valeur en Europe.

Une chose très-remarquable , c'est que 700 lieues de côtes sur 1200 qui environnent l'Indostan , sont sous la domination des Anglais , ainsi que la navigation des principales rivières , telles que le Gange , le Barrampouter , le Kistnah , le Tapée et le Coleroon , qui coulent toutes au travers de leurs établissemens. Cet avantage , réuni à celui de commander les principaux passages dans l'intérieur de l'Indostan , donne une supériorité évidente au commerce de la Grande-Bretagne, dans cette partie du monde; et on doit beaucoup regretter que tous les capitaux de l'Angleterre ne soient pas entièrement employés à cette branche de commerce, qui est si lucrative, et qu'on laisse les étrangers en faire les quatre cinquièmes. Il suffirait, pour éviter cet inconvénient, d'augmenter le capital de la compagnie, ou de faire entrer dans ce genre de commerce les fonds des autres marchands de ce pays-ci, en les soumettant aux réglemens que la Compagnie des Indes a droit d'imposer par ses statuts.

Les exportations de l'Inde sont estimées à sept millions; nous pensons qu'elles vont plus haut, et qu'elles sont susceptibles d'une grande augmentation. L'Inde fait un commerce direct avec la Perse, l'Arabie, les côtes d'Afrique, la Chine, les îles de Sumatra et de Java, les Moluques, les îles Philippines, les côtes d'Ava, Pégu et Siam.

Les productions de l'Indostan sont le riz, le coton, le nitre, l'indigo, le sucre, le tabac, le poivre, *sandal wood*, la cannelle de qualité inférieure, le *cardammus*, les cocos, *coir*, le chanvre, le bois de construction, l'acajou, et beaucoup d'autres espèces propres aux ameublemens; les diamans, les perles, les rubis, la cornaline, la soie écrue, la barilla et des drogues de différentes sortes; du blé, de l'orge et d'autres espèces de grains.

L'Inde produit des chevaux ; mais ils ne valent pas ceux de l'Arabie, ni ceux de la Perse ; ils sont vifs et petits. Tous les employés militaires et civils de la Compagnie font des essais pour perfectionner cette race d'animaux utiles ; et ils ont déjà eu quelques succès. Il y a aussi des moutons, des chameaux, des éléphans ; des animaux féroces, tels que des tigres, des loups, des ours ; des daims, des cerfs, des sangliers, des lièvres, des perdrix, des couleuvres, des canards sauvages, et toutes sortes d'oiseaux sauvages.

Les manufactures de l'Indostan sont principalement en coton et en soie ; dans les premières, on fabrique les plus belles mousselines du monde, et une grande quantité de cotonades de toute espèce. On y manufacture aussi du salpêtre, du rum, du sucre, de l'indigo et du sel. Les naturels travaillent supérieurement l'or et l'argent ; ils brodent les plus belles mousselines, et ils brodent aussi sur le drap ; ils sont adroits pour les arts mécaniques, et très-expérimentés dans la construction des vaisseaux.

Dans un pays où l'on jouit des heureux effets d'un climat sain, où il faut peu de vêtemens, dont les habitans ont des mœurs simples, et un genre de vie extrêmement frugal ; il est facile de fabriquer des marchandises, tant de luxe que de première nécessité, à un prix si modéré, que ceux qui en font le commerce puissent les vendre au-dessous du taux des marchés des autres pays. Le prix du travail des journaliers ne passe pas six sols par jour, et l'artisan gagne à-peu-près un tiers en sus.

Les produits territoriaux sont de 9 sols et demi à un schelling par acre de terre ; tandis que la part du cultivateur ne s'élève pas à plus d'un tiers de cette somme. Les naturels de l'Indostan ne sont pas aussi tourmentés pour les impôts qu'on prélève sur eux, que ceux des autres parties de l'Inde.

TABLEAU STATISTIQUE

DE L'INDOSTAN.

Etendue de l'Indostan en milles carrés 1,024,800
Nombre des habitans. 77,786,818
Nombre de personnes par mille carré, dans
    différentes provinces . . . . 62—80—114—125
Nombre d'acres anglaises. 655,872,000
Nombre d'acres par chaque personne environ. . . . 8 1/2
Revenus en livres sterlings 30,000,000
Exportations. 7,000,000
Importations. 3,000,000
Etendue de côtes maritimes en lieues. 1,200
Péninsule de l'Inde en milles carrés- 167,911
Etendue de l'empire de Merhatta en milles carrés . . 457,144
Possessions anglaises. 217,185
Alliés aux Anglais 235,467
Intérêts des Anglais dans l'Inde, sur tant de
    milles carrés. 452,652

Nombre d'habitans 41,062,890

Revenus des habitans 15,459,000

Territoire de Nizam. 103,690

Revenus en livres sterlings 2,600,000

Force militaire. { Infanterie. . 30,000 } 70,000
{ Cavalerie . . 40,000 }

Domaines du sultan Tippoo , après la répartition
de 1792 , en milles carrés 62,000

Revenus 1,425,000

Division de l'empire de Mysore, partie échue
aux Anglais 32,000

Au Rajah de Mysore. 26,000

Aux Merhattas. 13,000

Au Nizam 26,000

Revenus de l'empire du Mogol , sous le règne
d'Anrougleb. 32,000,000

Etendue en milles carrés 827,415

District de Delhi, le présent empire Mogol ,
en milles carrés. 16,000

Population de l'empire Merhatta. 28,342,928

Revenus de l'empire Merhatta , renfermant le
Chout 16,000,000

Force militaire. { Infanterie. . 64,000 } . . . 274,000
{ Cavalerie . . 210,000 }

Revenus du Poona de Merhata , en liv. sterl . . 4,000,000

Etendue du territoire en milles carrés. 152,381

Force militaire. { Cavalerie . . 60,000 } . . . 90,000
{ Infanterie. . 30,000 }

Revenus de Boucilia , en liv. sterl 3,500,000

Force militaire. { Cavalerie . . 50,000 } . . . 60,000
{ Infanterie. . 10,000 }

Revenus d'Holkar , en liv. sterl. 1,500,000

Force militaire. { Cavalerie . . 50,000 } . . . 54,000
{ Infanterie. . 4,000 }

Revenus de Guyacquar, en liv. sterl. 1,000,000

Force militaire. Cavalerie 30,000

Revenus de Seiks 1,457,400

Force militaire. Principale ; cavalerie. 100,000

Etendue du territoire des Seiks, en milles carrés. . 89,900

Etendue des domaines de Zemaun, Shaw, en
    milles carrés. 320,000

Population. 19,000.000

Revenus 8,000,000

Population des Etats indépendans, renfermant
    les districts de Goa, Cachemire, etc. 1,888,000

Etendue en milles carrés 23,600

TABLEAU STATISTIQUE
DES COLONIES ANGLAISES
DANS L'INDE.

POSSESSIONS ANGLAISES.

	milles carrés.
BENGALE(1), Bahar, Orissa et Benarès . . .	162,256
Circars	17,508
Partie de l'ancien royaume de Mysore. (2)	
Coimbetore	10,150
Barramahal.	7,400
Malabar et Coorg	6,600
Canara et partie de Soonda	6,235
Dindegul.	2,600
	212,749

(1) Le Bengale est la partie la plus florissante et la plus peuplée de l'Inde. Sa fertilité est extraordinaire ; on assure qu'elle surpasse celle de l'Egypte, après les inondations du Nil ; il produit principalement du riz, des cannes à sucre, du blé, du sesamenir, et un grande quantité de mûriers ; il fournit aux provinces voisines d'Agra et de Delhi, du sel, du sucre, de l'opium, de la soie, et une infinité de toiles et de mousselines de toute espèce. Le pays est entrecoupé de canaux tirés du Gange pour l'avantage du commerce ; il s'étend des deux côtés de ce fleuve l'espace de cent lieues ; il est couvert de châteaux, de villes et de villages.

C'est sans contredit la province la plus intéressante de l'Inde, pour les Européens.

(2) Ce royaume, un des plus riches de la presqu'île, se divise en haut et bas. Le haut est sur les montagnes appelées

milles carrés.

De l'autre part. 212,740

Jaghire, dans le Carnate. 2,436

Isles de Bombay et de Salsette (1) 2,000

TOTAL. 217,185

ALLIÉS ET TRIBUTAIRES.

Nizam. 103,699

Oude 52,880

Carnate, Tanjore, etc 44,297

Mysore 25,250

Cochin et Travancor. 9,550

TOTAL 452,467

Nombre des habitans de ce vaste territoire. . . 41,062,890

Revenus d'*idem* 19,000,000

Nombre des habitans des Colonies Anglaises. . - 23,057,300

Habitans par mille carré. 105

POPULATION.

Bengale, Bahar, Orissa et Benarès. 18,497,184

Circars, Coimbitore, Barragmhal et Dindegul . . 2,656,060

Malabar et Coorg. 825,000

Gatten ; le bas est borné au sud par le Maduré. La principale rivière qui l'arrose est le *Cavois* ; elle coule au sud-est, traverse le Carnate, et va se perdre, par plusieurs embouchures, dans la mer de Coromandel.

(1) Cette dernière île n'est séparée de Bombay, que par un canal étroit, guéable dans les eaux basses. Son sol est excellent et produit une fort grande quantité de riz, de fruits, de cannes à sucre, de manguions et quelques mûriers.

Canara et partie de Soonda.	749,066
Jaghire (1).	170,000
Isles de Bombay et de Salsette	180,000
Nizam	6,428,780
Oude.	5,288,800
Carnate	3,543,760
Mysore.	1,565,500
Cochin et Travancor	1,168,750
Revenus des Indes Anglaises, en liv. sterl. . . .	9,742,957
Charges.	8,961,180
Revenu net	781,757
Les importations de la compagnie des Indes se	
montent annuellement à.	2,000,000
Dette de la Compagnie.	14,000,000
Intérêt de la dette payée par la compagnie	978,856

L'intérêt de l'argent ne va pas au-dessous de 6, ni au-dessus de 12

Etendue du Bengale en milles carrés	97,244
Etendue de Bahar , d'Orissa et de Benarès ,	
possessions anglaises	55,012
Revenu du Bengale , de Bahar, d'Orissa et de	
Benarès	6,504,738
Charges.	4,532,991
Nombre des habitans du Bengale	11,000,000
Habitans par mille carré	114
Acres anglaises dans le Bengale	62,236,160
Acres par individu	5 1/2
Revenu d'Oude.	2,500,000
Revenu de la présidence du fort Saint-George. . .	2,822,536
Charges.	3,132,919
Revenu de Circars	430,000
En 1796, le Bengale a exporté pour la valeur de . .	3,778,704

(1) On ne comprend pas , dans ce calcul, la population des noirs de la ville de Madras , ni de celle de Seringapatam qui fait garnison , ni les habitans de Madras qui sont compris dans la totalité des habitans des Colonies anglaises.

Importations de la même année 1,563,200

En 1796, le fort Saint-George a exporté pour

la valeur de 802,457

Importations de la même année. 381,568

Revenu de Bombay 415,663

Charges. 1,495,270

Nombre d'acres dans l'île de Bombay et de Salsette . 1,280,000

Nombre de personnes par mille carré 90

Nombre d'acres par personne 7

En 1796, Bombay a exporté pour la valeur de . . . 245,537

Importations de la même année. 143,925

Etendue du territoire conquis sur Tippoo en

1792, renfermant Coorg, milles carrés. 16,600

Revenu annuel de cette partie 395,000

Etendue de territoire conqnis en 1799, en milles carrés. 16,385

Revenu qui en résulte (1) 539,056

Total du territoire nouvellement conquis 32,985

Total de son revenu. 934,056

Etendue des côtes maritimes en lieues. 700

Cours des rivières navigables dans le Bengale,

en milles carrés 1,640

Etendue des côtes maritimes en lieues. 130

Nombre de personnes par mille carré, dans le

Malabar, Cochin et Travancor 125

Total des habitans . , ... 2,000,000

---

(1) On comprend dans cette somme 7 lacs de pagodes, ou 280,000 liv. sterl., qu'il a été stipulé que le Rajah de Mysore payerait à la compagnie.

Forces de terre de la Compagnie des Indes Orien-
tales, comprenant les troupes du Roi qui servent
dans l'Inde.

RÉGIMENS.

4 de cavalerie européenne.	2,400
9 des naturels, cavalerie.	5,400
24 d'infanterie européenne.	24,000
42 des naturels	84,000
6 Bataillons d'artillerie	3,000
Corps d'ingénieurs et de pionniers	500
Troupes irrégulières indépendantes.	119,300

Nombre des Européens résidant dans l'Inde,
  sous la protection de la Compagnie, et qui
  ne sont point à son service 1,707

Employés civils de la Compagnie.	2,814
Officiers militaires, y compris les chirurgiens. . . .	2,869
Officiers de marine à Bombay.	113

COMPAGNIE MARITIME.

4 Vaisseaux, 3 snows, 4 bateaux, 2 brigs, 2 schooners;
  outre cela, des canonniéres et des paquebots.
Nombre total des Anglais dans l'Inde, sujets au contrôle de
  la Compagnie. 35,003

Le prix du travail dans l'Indostan, est égal à un quart du
prix du travail dans la Grande-Bretagne;

SAVOIR:

Le laboureur, pour un mois de 30 jours, reçoit. . 12 s.
  (La roupie calculée sur le pied de 1 schel. 6 s.)

Aux porteurs	15 s.
Aux mâçons.	18 s. 9 d.
Aux forgerons	22 s. 6 d.
Aux charpentiers	22 s. 6 d.
Aux soldats du pays.	20 s.

E

Après avoir représenté avec autant d'exactitude qu'il nous a été possible, suivant les renseignemens et les informations que nous nous sommes procurés, l'état de la population et des revenus des différentes puissances de l'Europe, nous sommes entrés dans quelques détails sur les colonies que la Grande-Bretagne possède dans l'Inde ; et afin de les faire connaître d'une manière plus particulière qu'elles ne l'ont été jusqu'à présent, nous allons ajouter quelques réflexions sur le résultat que présente le commerce de la Grande-Bretagne avec l'Inde.

RÉFLEXIONS

*Sur le résultat que présente le Commerce de la
Grande-Bretagne avec l'Inde.*

Nos possessions anglaises dans l'Inde ne nous
sont pas soumises de la même manière que nos autres colonies : elles ne sont pas directementement sujettes au gouvernement anglais, mais elles reçoivent
leurs lois de la seconde main, par l'intervention d'une
cour de direction, qui est elle-même dépendante
d'une commission chargée de gouverner les affaires
des Indes, et qui est aussi quelquefois soumise à la
révision d'une cour générale des propriétaires. Les directeurs, ainsi enchaînés, envoient leurs ordres au gouvernement d'un pays placé à huit mille lieues de
distance, dont l'étendue et la population sont le
double de la Grande-Bretagne, et produit plus de
revenu net que n'en a le gouvernement anglais, lorsqu'il a payé l'intérêt de sa dette (1).

(1) Le revenu net de la Grande-Bretagne ne se monte pas
à 7 millions, après les intérêts de la dette payés. Celui des
colonies anglaises dans l'Inde passe 8 millions, après que
l'intérêt des 14 millions est acquitté.

Ce point de statistique est extrêment compliqué et a été médité par des économistes célèbres. Il nous est impossible d'entrer ici dans de grands détails; mais nous allons présenter nos vues sur les résultats-généraux.

L'Inde coûte beaucoup à ce pays-ci, et a excité la jalousie des autres nations contre l'Angleterre; elle occasionne cependant des dépenses énormes, non pas tant pour les frais qu'on fait pour elle en tems de paix, que par les guerres multipliées qu'elle suscite contre notre île; et il nous semble qu'il serait raisonnable d'exiger que, tandis que la mère-patrie sacrifie les trois-quarts de son revenu à solder les intérêts de sa dette, l'Inde y contribuât pour quelque chose, et que les dépenses que l'on fait pour les nouveaux établissemens n'absorbassent pas continuellement les revenus que produit l'Inde.

Le prix du travail n'est peut-être pas un type parfaitement exact de la valeur de l'argent; néanmoins tous les écrivains en économie politique et en finance, conviennent que c'est le plus certain; or, comme les gages ne sont que le quart de ce qu'ils se payent en Angleterre, il s'en suit que neuf millions sont un revenu énorme. Il est vrai qu'il y a un grand nombre de personnes qu'il faut payer largement; mais on peut dire que, dans ce pays, comme dans la plupart des autres, ce sont les subordonnés, comme les soldats et les employés subalternes, qui, par leur grand nombre, absorbent une forte partie des revenus.

Les princes de ces pays-là entretiennent des cours magnifiques, et cependant ils amassent encore de grandes fortunes; tandis que la Compagnie, qui n'a pas une cour à soutenir, fait des dettes et n'amasse pas de trésors. Telle est la situation présente des affaires de l'Inde, et ils serait intéressant que ceux qui tiennent les rênes du gouvernement, recherchassent les causes de cette espèce de désordre.

Le commerce des Indes orientales, qui excite toujours la jalousie de toutes les nations contre celle qui le fait, est maintenant dans une situation bien singulière. Il semble que la Compagnie des Indes-anglaises a établi un monopole sur toutes les autres; mais il est certain que les lois qui gouvernent cette Compagnie, sont telles que les quatre cinquièmes du commerce sont passés dans des mains étrangères; de sorte que nous autres qui semblons tout accaparer, nous n'en avons qu'une très-petite portion.

Les opinions sont cependant partagées sur cet important sujet : quelques-uns soutiennent que de vouloir retrancher des privilèges de la Compagnie des Indes, ce serait mettre son existence en danger; tandis que les partisans de la liberté du commerce assurent que non-seulement la Compagnie, mais encore les colonies anglaises, les revenus publics et les intérêts commerciaux de l'Angleterre gagneraient à ce que tous les négocians fussent admis, sous certaines conditions, à faire le commerce des Indes-

Orientales. Il est certain que jusqu'à l'expiration de sa charte, on ne peut faire aucun arrangement de cette nature, sans le consentement de la Compagnie.

Il est donc à souhaiter que les directeurs de la Compagnie et les membres de la commission de contrôle s'occupent, avant la fin du tems qui leur est accordé par leur charte, de trouver quelque moyen conciliatoire, pour céder au négocians anglais les branches de commerce qu'ils ne font pas avec l'Inde.

Pour le moment, le surplus de ce commerce passe dans les pays étrangers ; et les riches productions de l'Inde ne pouvant être importées en Anglerre que par les vaisseaux indiens, vont enrichir les négocians des nations où ce commerce est libre.

OBSERVATIONS

SUR L'ACCROISSEMENT

DE LA POPULATION.

PREMIÈRE. (1) LES tables qui servent à faire
connaitre les proportions qui existent entre le nombre
des habitans des grandes villes, les naissances, les
mariages et les morts, tables que l'on a faites d'après
les registres mortuaires et baptistaires des grandes
villes, ne conviennent point aux campagnes ; de
même, les tables de proportion, qui ont été faites
dans des pays anciennement peuplés, ne peuvent
point s'appliquer à l'usage des contrées nouvellement
découvertes, comme l'Amérique.

---

(1) Ces observations sont du docteur Franklin ; elles datent
de l'année 1751. Je ne crois pas qu'elles aient encore été tra-
duites, c'est ce qui m'a déterminé à les insérer ici ; d'ailleurs,
j'ai pensé que le lecteur serait flatté de pouvoir comparer les
idées que cet homme célèbre avait sur la population, avec
celles que nous en avons aujourd'hui que la statistique a fait
faire de si grands progrès à l'économie politique.

DEUXIÈME. La population augmente en raison du nombre des mariages, et les mariages se multiplient en proportion de la facilité que les habitans d'un pays trouvent à subvenir aux besoins de leur famille. On se marie plus communément dans un pays où l'on trouve plus de moyens de pourvoir à la subsistance de ses enfans.

TROISIÈME. Dans les grandes villes, toutes les charges, tous les emplois, tous les états sont remplis ; les jeunes-gens diffèrent de se marier, jusqu'à ce qu'ils se soient assuré les moyens de supporter les charges d'un père de famille. Aussi, les grandes villes ne peuvent-elles pas fournir à leur population par elles-mêmes : les morts y sont plus communes que les naissances.

QUATRIÈME. Dans les pays anciennement peuplés, il n'en est pas de même ; toutes les terres ont des propriétaires et sont cultivées ; ceux qui ne peuvent pas acquérir, sont obligés de travailler pour autrui. Quand les ouvriers sont communs, les salaires sont bas, et un père de famille a plus de peine à pourvoir aux besoins de ses enfans. Les mariages y sont plus rares, les célibataires plus communs. Les campagnes entretiennent la population des villes; et par-là le nombre des habitans y diminue insensiblement ; les mariages y sont plus fréquens, et les naissances y sont plus communes que les morts.

CINQUIÈME. L'Europe ne peut plus guère augmenter en population, parce que la plus grande partie de ce pays est habitée par des cultivateurs, des manufacturiers, etc. L'Amérique, au contraire, est principalement habitée par des sauvages, qui ne vivent que de la chasse. Les peuples chasseurs ont besoin d'un plus grand terrain que les autres, pour fournir à leur subsistance. Les peuples agriculteurs en demandent moins ; les nations qui connaissent le jardinage, encore moins ; et enfin ce sont les peuples qui se livrent au commerce et à l'industrie, qui ont le moins besoin d'espace pour vivre. Les Européens, en arrivant en Amérique, l'ont trouvée aussi peuplée qu'un pays peut l'être par des chasseurs. Cependant, comme le territoire qu'ils possédaient était fort vaste, on parvint aisément à leur persuader de s'en défaire d'une partie en faveur des émigrans, qui, loin de troubler les naturels du pays dans leurs occupations, leur ont fourni bien des choses qui leur manquaient.

SIXIÈME. La terre est si commune en Amérique et à si bon marché, qu'un ouvrier laboureur peut, en très-peu de tems, mettre assez d'argent de côté, pour en acquérir et former une plantation, qui lui fournira les moyens de soutenir une famille. De tels hommes ne doivent donc pas craindre de s'engager dans les liens du mariage : car, s'ils jettent un regard sur l'avenir, ils verront qu'ils trouveront encore des terres au même prix que les leurs , et qu'ainsi ils pourront aisément établir leurs enfans.

SEPTIÈME. Il s'ensuit que les mariages sont plus fréquens en Amérique , et qu'on s'y marie plus jeune qu'en Europe. On y comptera deux mariages par cent personnes , tandis qu'en Europe on n'en compte qu'un. Il y aura huit naissances par mariage en Amérique , contre quatre en Europe ; parce que, dans ce dernier pays , on se marie généralement tard. Dans cette nouvelle partie du monde , on peut compter sur la moitié des enfans qui naissent ; et comme les jeunes gens se marient vers l'âge de vingt ans , on peut assurer aussi que la population s'y double tous les vingt ans.

HUITIÈME. Malgré cette augmentation prodigieuse dans la population , le territoire de l'Amérique est si vaste , qu'il faudra bien des siècles avant qu'il soit entièrement peuplé ; et lors même qu'il le sera, la main d'œuvre ne pourra pas beaucoup diminuer dans un pays où les ouvriers ne travaillent pas long-tems pour autrui, et où ils trouvent des moyens faciles d'établissement. En Amérique , nos ouvriers ne travaillent pas long-tems pour le compte d'autrui, et ils vont s'établir dans les pays reculés : aussi la main-d'œuvre n'est-elle pas à meilleur marché aujourd'hui en Pensylvanie, qu'elle ne l'était il y a trente ans , quoique, depuis ce tems, on y ait importé des milliers d'ouvriers.

N E U V I È M E. Il n'y a donc aucun danger que ces colonies viennent à s'emparer du commerce, des arts, de l'industrie qui constituent les richesses de la Grande - Bretagne, et elles ne doivent nullement craindre d'exciter sa jalousie.

D I X I È M E. Au contraire, les manufactures de la Grande-Bretagne s'enrichiront, à mesure que la population de ce pays ira en croissant. L'Angleterre possédera bientôt un commerce immense, où elle ne craindra la rivalité d'aucune nation, et qui, en très-peu de tems, augmentera au point qu'il lui deviendra peut-être un jour impossible de fournir aux demandes seules de ses colonies, en supposant même qu'elle n'étendît pas son commerce au-delà.

O N Z I È M E. Ce serait une opinion mal fondée, que de croire que le travail des esclaves puisse réduire le prix des marchandises fabriquées en Amérique, à un prix aussi bas que celles qui y viennent d'Angleterre. La main-d'œuvre des esclaves n'y peut jamais être à aussi bon marché, que celle des manufactures de la Grande-Bretagne, et la raison en est simple ; l'intérêt de l'argent dans les colonies est de 6 à 10 p. 100. Les esclaves reviennent, l'un dans l'autre, à 30 livres sterlings d'achat primitif. Caculez l'intérêt de cet argent ; ajoutez-y ce qu'on doit passer pour les dangers de leur mort ; les frais pour les vêtemens, la nourriture, les maladies, les pertes de tems, la négligence dans les travaux (la négligence est naturelle à des hommes pour qui le zèle et l'assi-duité ne sont d'aucun avantage), les dépenses que nécessite un régisseur ; les vols (car, presque tous les esclaves sont voleurs) ; comparez maintenant les gages qu'on donne à un ouvrier des manufactures de la Grande-Bretagne, soit en fer, soit en laine, et vous verrez que le travail y est à bien plus bas prix, qu'il ne saurait jamais l'être en Amérique. Pourquoi l'Amérique achete-t-elle donc des noirs ? Parce qu'on garde des esclaves autant qu'on veut, autant qu'on a besoin d'eux ; tandis que les domes-tiques libres quittent leurs maîtres, souvent dans le moment où il leur seraient le plus utiles, pour s'éta-blir eux-mêmes.

Douzième. Comme la population d'une nation augmente par l'encouragement qu'on y donne au ma-riage, elle doit diminuer par les raisons suivantes. 1°. Lorsqu'elle se laisse subjuguer : car, les conqué-rans, à l'aide d'un pouvoir qu'ils ne doivent qu'à eux, lèvent toujours de fortes contributions, et retirent tout le profit des peuples vaincus, attendu que ce n'est que par de grandes dépenses qu'ils se main-tiennent dans leurs nouvelles conquêtes. La subsistance des naturels du pays diminue dans la même proportion ; les mariages deviennent plus rares, et la nation conquise s'éteint insensiblement, pour faire place au peuple vainqueur. 2°. Lorsqu'elle perd son territoire. Les Bretons, chassés du pays de Galles, et refoulés sur une terre aride, ne furent plus en état de soutenir une si grande population, et leur nombre diminua jusqu'à ce qu'il fût en proportion avec leurs moyens d'existence ; tandis que les Saxons augmentèrent en nombre sur leur terre abandonnée, jusqu'à ce que l'île devint remplie d'Anglais. Et si les Anglais venaient à être chassés dans le pays de Galles par quelque nation étrangère, en peu d'années il n'y aurait pas plus d'Anglais dans la Grande-Bretagne, qu'il n'y a maintenant d'habitans dans le pays de Galles ; 3°. par la perte de son commerce. Si une nation se trouve privée de quelque branche lucrative de commerce, et qu'elle ne puisse pas la remplacer par une autre aussi avantageuse, sa population diminue de toute la portion qui subsistait de cette espèce de produit. 4°. Par la perte d'un genre de subsistance. Lorsqu'une nation a une pêcherie, qui non-seulement occupe un grand nombre de bras, mais qui diminue encore le prix des vivres ; si une autre nation s'en rend maîtresse, qu'elle arrête la pêche, ou qu'elle la fasse à son profit, la population de la première diminuera en proportion de la perte qu'elle aura éprouvée dans cette ressource de travail, et dans ses moyens de subsistance. 5°. Un mauvais gouvernement, et le défaut de sûreté dans ses propriétés. Alors, non-seulement les naturels abandonnent leur pays pour aller s'établir ailleurs, s'incorporent avec d'autres peuples et oublient même jusqu'à leur territoire natal ; mais encore l'industrie de ceux qui restent, n'étant plus encouragée, la quantité des subsistances diminue, et le soutien d'une famille devient plus difficile. 6°. Des impositions trop fortes. Non-seulement elles abattent le courage, mais elles introduisent la mauvaise foi, l'arbitraire, et provoquent ainsi la dissolution de l'industrie.

TREIZIÈME. On peut donc dire que le prince qui acquiert un nouveau territoire, soit qu'il le trouve vacant, soit qu'il en expulse les anciens habitans pour les remplacer par ceux de sa nation ; que le législateur qui fait des lois tendantes à encourager le commerce et l'agriculture, à augmenter les sources de travail, à entretenir de bonnes pêcheries, à donner de la stabilité aux propriétés, etc. ; que l'homme qui crée de nouvelles branches d'industrie, dont les travaux tendent à faire fleurir les arts et les manufactures ; on peut dire que de tels personnages doivent être regardés comme les pères de leur nation, puisqu'ils sont la cause d'une nombreuse population, qui sans eux n'existerait pas, et que leurs concitoyens leur doivent l'aisance et les moyens d'élever leur famille.

QUATORZIÈME. Quant aux priviléges que que quelques nations ont accordés aux gens mariés, tels que le *Jus trium liberorum*, parmi les Romains, ils peuvent hâter la population d'un pays qui aura été ravagé par la guerre ou la peste, ou bien qui est nouvellement habité ; mais leur influence s'arrêtera, où manqueront les moyens de subsistance.

QUINZIÈME. L'augmentation des familles n'est pas toujours due à la fécondité de la nature, mais plus souvent à l'industrie des chefs de maison, et à une éducation solide, qui met les enfans en état de pourvoir de bonne heure à leur subsistance, et qui leur inspire le goût et le courage de se marier jeunes.

SEIZIÈME. S'il se trouve donc, dans une nation, une secte qui place la frugalité et l'industrie au rang de ses devoirs religieux, qui inspire ces sentimens à la jeunesse, d'une manière plus précise que ne font la plupart des hommes ; une telle secte doit nécessairement accélérer, bien plus que toute autre, l'accroissement de la population dans un Etat.

DIX-SEPTIÈME. L'introduction des étrangers dans un pays qui a autant d'habitans que le travail et les subsistances peuvent en entretenir, n'opérera pas l'accroissement de la population, à moins que les nouveaux arrivans n'ayent plus d'industrie et de frugalité que les naturels, et qu'ils n'ayent des moyens

de se procurer une plus grande quantité de subsistances ; dans ce cas, ils anéantiront insensiblement la
race des indigènes. Il n'est donc pas nécessaire d'in-
troduire des étrangers, pour remplir les vides momen-
tanés qui se font dans les Etats ; car , si les lois sont
bonnes, ils ne tardent pas à se remplir par la généra-
tion qui suit. Où trouver maintenant les vides qui se
sont faits , il y a 5o ans, dans les diverses nations
guerrières de l'Europe ?

S'aperçoit - on que la France, par l'expulsion des
protestans ; l'Angleterre, par les établissemens multipliés de ses colonies ; l'Espagne, par son orgueil et
ses grandes richesses ; l'Allemagne, par ses dissen-
sions intérieures, etc. ; la Suède , par l'ambition de
quelques-uns de ses rois , ayent perdu , à certaines
époques , un grand nombre de leurs habitans ? Non ,
sans doute ; parce que le génie de l'industrie qui
règne parmi ces peuples a fermé ces plaies , et que
les générations suivantes ont réparé toutes les pertes.

Un peuple gouverné par des lois sages est comme
un polype ; si on le partage en diverses parties ,
chaque parcelle reproduit bientôt un corps entier.

DÉCOUVERTE

DE L'AMÉRIQUE.

Quelques personnes pensent que l'Amérique était connue des anciens : cette opinion n'est pas tout-à-fait sans fondement ; cependant l'histoire ne nous offre, à cet égard, aucun renseignement. Toutes les découvertes qui ont pu être faites dans cette quatrième partie du globe, soit par Madoc Gwineth, soit par les Carthaginois ou quelques autres peuples, sont perdues pour le genre humain. Le continent oriental est le seul théâtre où l'histoire se soit exercée, depuis le commencement du monde jusqu'à l'année 1492 de l'ère chrétienne.

Christophe Colomb, né à Gênes, eut le premier la gloire de découvrir l'Amérique ; il s'était attaché de bonne-heure à l'étude de la géographie et de la navigation ; et par une sérieuse application à ces diverses parties vers lesquelles son génie l'entraînait, il s'éleva dans ses recherches infiniment au-dessus de son siècle. Ayant pensé qu'il devait y avoir un autre continent, pour faire équilibre avec l'ancien, il conçut le projet de vérifier sa nouvelle théorie.

Il s'adressa d'abord vainement à presque toutes les cours de l'Europe ; enfin il trouva quelque protection auprès de la reine Isabelle, qui seconda sa généreuse entreprise ; et la cour lui fit équiper une petite escadre, composée de 3 vaisseaux, avec laquelle il quitta l'Espagne, le 3 août, 1492. Ce fut le 11 octobre de la même année, à 10 heures du soir, que Colomb, étant sur l'avant du vaisseau, aperçut une lumière ; et le lendemain à deux heures, Roderic Triana découvrit la terre. Cette heureuse nouvelle remplit de joie ses équipages, qui l'avaient déjà menacé de le jeter à la mer. La première terre où Colomb aborda, fut nommée par lui, *S.-Salvador*. C'est une des îles connues aujourd'hui sous le nom de Bahama ou Lucayes.

Ce ne fut que vers l'année 1498, à son troisième voyage, qu'il découvrit le continent de l'Amérique.

Parmi les aventuriers qui ont été au nouveau monde pour chercher de l'or, on doit remarquer Améric Vespuce, gentilhomme florentin, que Ferdinand avait nommé pour tracer des cartes marines, et à qui il donna le titre de pilote en chef. Ce Florentin, à son retour, écrivit l'histoire de son voyage, et sut, par un style élégant, la rendre intéressante.

Dans cette narration, il fit entendre que la gloire de la découverte du nouveau continent lui appartenait.

Son ouvrage lui fit des partisans , et cette partie du monde prit bientôt le nom de celui qui était censé l'avoir découverte. Par une bizarrerie, dont on ne peut rendre compte, cette erreur s'est perpétuée ; de sorte qu'aujourd'hui, d'un consentement universel , le nouveau continent est appelé *Amérique.*

Le nom d'Améric a supplanté celui de Colomb , et le genre humain est réduit à déplorer aujourd'hui un acte d'injustice qui devient irréparable par la sanction que le tems lui a donnée.

TABLEAU

Des Etablissemens progressifs de l'Amérique septentrionale.

NOMS DES PROVINCES.	DATES. MOIS	DATES. ANNÉES.	FONDATEURS.
QUEBEC	. . . .	1608	Les Français.
VIRGINIE	10 Juin.	1609	Le lord Delaware.
TERRE-NEUVE . . .		1610	Le gouv. Jean Guy.
NEW-YORCK. ⎱ . . . . NEW-JERSEY. ⎰		1614	Les Hollandais.
NEW-PLYMOUTH.		1620	Une partie par M. Robinson et sa congrégation, et l'autre par des colonies anglaises.
NEWHAMPSHIRE.		1623	Petites colonies angl.
DELAWARE. ⎱ . . . PENSYLVANIE. ⎰		1627	Les Suédois et les Finlandais.
La Baie DE MASSACHUSSETS.		1628	Le capitaine Jean Eudinot et compag.
LE MARYLAND . .		1633	Le lord Baltimore et une colonie de romains-catholiques.
CONNECTICUT. . .		1635	Fenwik et Say Brook.
RHODE-ISLAND . .		1635	Guillaume Roger.
NEW-JERSEY. . . .		1664	Le duc d'Yorck.
LA CAROLINE du sud.		1669	Le gouvern. Sayle.
PENSYLVANIE. . .		1682	Guill. Penn avec une colon. de Quakers.
LA CAROLINE du nord.		1728	Erigée en gouvernement séparé par les Anglais.
GÉORGIE		1732	Le gén. Oglethorpe.
KENTUKEY		1773	Le col. Daniel Boon.
VERMONT		1777	Emigrans du Connecticut et autres parties de l'Angl.
Territoire nord-ouest de la rivière de l'OHIO.		1787	Par une compagnie du même nom.

L'Amérique septentrionale comprend toute cette partie du continent de l'ouest, qui est située au nord de l'isthme de Darien. Cette vaste étendue de pays est divisée entre l'Espagne, la Grande-Bretagne, les seize Etats-Unis d'Amérique. L'Espagne réclame toutes les terres à l'ouest du Mississipi et les deux Florides de l'est et de l'ouest. Suivant le traité de 1783, tout le pays situé au nord des limites des Etats-Unis de l'Amérique et à l'est de la rivière Sainte-Croix, appartient à la Grande-Bretagne. Le reste est tout le territoire des seize Etats-Unis et indépendans de l'Amérique. Par le traité de Lunéville, l'Espagne a cédé la Louisiane à la France.

NOMS DES ÉTATS ET COLONIES.	LONGUEUR.	LARGEUR.	LATITUDE DES VILLES CAPITALES.	LONGITUDE DE PHILADELPHIE.	NOMS DES CAPITALES.	DISTANCES ET POSITIONS à l'égard DE PHILADELPHIE.	APPARTENANT.	NOMBRE DES HABITANS.
	milles.	milles.				milles.		
NEWHAMPSHIRE..	180	60	43 d. 5 m.	38 d. 54 m. E.	Portsmouth ..	408 N. E.		102,000
MASSACHUSSETS..	450	164	42 d. 25 m.	3 d. 39 E.	Boston.....	343 N. E.		360,000
RHODE-ISLAND. ...	68	40	41 d. 30 m.	3 24 E.	Newport...	280 E. N. E.		51,896
CONNECTICUT....	81	57	41 d. 19 m.	1 56 E.	Newhaven..	181 N. E.		209,150
NEW-YORCK......	350	300	40 d. 40 m.	1 5 E.	New-Yorck..	95 E. N. E.		238,897
NEW-JERSEY.....	160	52	40 d. 15 m.	0 23 d. E.	Trenton	30 N. E.		149,435
PENSYLVANIE....	288	156	39 d. 55 m.	oo oo	Philadelphie ..	oo		360,000
DELAWARE......	92	16	39 10	oo 26 O.	Douvre......	72 S. S. O.		37,000
MARILAND......	134	110	39 2	1 37 O.	Annapolis	132 S. O.		253,630
VIRGINIE.......	758	224	37 40	2 42 O.	Richemont....	276 S. O.		567,614
CAROLINE du nord.	758	210	36 04 s.	1 52 O.	Edenton.....	442 S. S. O.		270,000
CAROLINE du sud..	200	125	32 35	5 oo O.	Charleston...	814 S. S. O.		180,000
GÉORGIE.......	600	250	33 39	7 oo O.	Augusta	934 S. O.		98,000
VERMONT........	155	60	42 42	1 44 E.	Bennington ..	299 N. E.		100,000
TERRITOIRE de l'ouest .	1000	450	39 34	6 30 O.	Adelphi	492 - O.		6,000
KENTUKEY......	480	240	38 25	10 oo O.	Lexington	947 Par eau. O.		100,000
Province de QUEBEC..	750	200	46 55	4 56 E.	Quebec.....	690 N. N. E.	A l'Angleterre.	TOT. 3,083,622
NOUVELLE-ÉCOSSE.	300	200	44 56	14 29 E.	Halifax.....	925 N. E.	A la même.	Inconnu.
Les 2 FLORIDES. E. et O.	300	130	29 51	6 30 O.	St.-Augustin...	1146 S. S. O.		Idem.
LOUISIANE......	467	280	29 27	14 40 O.	Nouvelle-Orléans	1646 S. O.		
NOUVEAU-MEXIQUE..			36 45	3 32 O.	Santa-Fé....	2190 O.		
CALIFORNIE.....	765	212	26 5	39 O.	Saint-Juan...	3396 O. S. O.		
VIEUX-MEXIQUE...	2700	250	20 o	26 O.	Mexique.....	3021 S. O.		

AUX ÉTATS-UNIS. — A LA FRANCE — A L'ESPAGNE

(1) Les Tableaux du recensement qui vient d'être fait dans les États-Unis d'Amérique, présentent un accroissement prodigieux de population, depuis qui n'était, en 1774, qu'un vaste désert couvert de bois, et qui reçut ses premiers habitans pendant la guerre de l'Indépendance, contient maintenant un En 1790, elle n'était que de 73,677, dont 11,430 esclaves; ainsi elle a triplé dans les onze années qui se sont écoulées depuis 1790 jusqu'à 1801. On Géorgie, 82,548 individus : la population de cet État s'élève aujourd'hui à 163,879. C'est ainsi que le Nouveau-Monde s'enrichit, tous les jours, aux dé

LONGITUDE DE PHILADELPHIE.	NOMS DES CAPITALES	DISTANCES ET POSITIONS à l'égard DE PHILADELPHIE.	APPARTENANT.	NOMBRE DES HABITANS.	DATES DES RECENSEMENS.	NOUVEAU RECENSEMENS
		milles.				
38 d. 54 m. E.	Portsmouth . .	408 N. E.		102,000	1787	349,000
3 d. 39 E.	Boston	343 N. E.		360,000	1787	630,000
3 24 E.	Newport . . .	280 E. N. E.		51,896	1783	91,000
1 56 E.	Newhaven . .	181 N. E.	S-UNIS.	209,150	1782	370,000
1 5 E.	New-York. .	95 E. N. E.		238,897	1786	1,200,000
0 23 d. E.	Trenton	30 N. E.		149,435	1784	310,000
00 00	Philadelphie .	00		360,000	1787	1,500,000

ÉTATS-UNIS D'AMÉRIQUE.

Les États-Unis d'Amérique ont été colonies anglaises jusqu'au 4 juillet 1776. Ce fut dans ce jour mémorable que les représentans des diverses provinces firent une déclaration solennelle, dans laquelle ils exposèrent les motifs qui les déterminaient à s'affranchir de l'obéissance du roi de la Grande-Bretagne. Appelant au juge suprême de l'univers, de la droiture de leurs intentions, au nom et par l'autorité des Provinces-Unies, ils déclarèrent et publièrent solennellement, que les colonies étaient et devaient être, de droit, des Etats libres et indépendans; qu'ils devenaient exempts de toute fidélité envers le roi d'Angleterre; que toute liaison entr'eux et la Grande-Bretagne était et devait être entièrement dissoute; et qu'en leur qualité d'Etats libres et indépendans, ils avaient le droit de faire la paix ou la guerre, de contracter des alliances, de faire le commerce avec qui bon leur semblerait. Les députés au congrès, réunis au nombre de 55, jurèrent de maintenir cette déclaration au péril de leur fortune et de leur vie. Chaque Etat conserva sa souveraineté, sa liberté et son indépendance. Les Etats, au nombre de 13, formèrent une ligue pour leur liberté et leur sûreté communes.

F 3

Tous les articles de la confédération furent ratifiés au congrès, le 9 juillet 1778. Après une guerre longue et désastreuse, pour l'Angleterre sur - tout, un traité de paix signé le 3 septembre 1783, consacra l'indépendance des Etats-Unis d'Amérique,

Depuis, le nombre des Etats s'est accru jusqu'à seize.

Etendue en mille carrés. 1,343,000
Nombre d'habitans 8,053,000
Individus par mille carré. 23 2/11
Etendue en acres anglaises 582,660,000
Acres couvertes d'eau. 47,000,000
Acres par personne. 47 4/6
Revenus en dollars (1). 15,000,000
Dépenses. 13,500,000
Dette publique (dollars) 83,690,000
Forces de terre, en tems de paix. 30,000
Matelots, en tems de paix. 40,000
Frégates, goëlettes et bricks. 35
Exportations annuelles. 38,000,000
Importations 0
Grandes divisions du pays. 16
Tonnages des vaisseaux marchands. 800,000
Taxe par personne . . . . 1 dol. 1/6
Solde des matelots par mois (medium). . . . . 14 dol.
Intérêt de l'argent. . . . . 7 et 8
Longueur du pays en milles anglais. 1,630
Largeur idem 1,200
Nombre d'habitans à Philadelphie, capitale. 80,000

VILLES PRINCIPALES.

Boston, Newyorck, Baltimore, Charleston, la ville de Washington, Alexandrie.

Religion. Elles sont toutes tolérées. Les sectes de Luther et de Calvin, le Quakérisme, sont les principales.

_____

(1) Le dollar vaut 5 fr. 42 c.

NOTE

Sur les Frais de transport et d'Etablissement dans les parties sud et ouest des États-Unis d'Amérique, depuis la Virginie inclusivement jusqu'aux Deux-Florides, pour servir aux Français qui ont fait ou qui veulent faire quelque acquisition dans ces contrées.

LE prix du passage sur mer est ordinairement de 600 francs par personne, pour la table du capitaine, et de 300 francs, pour celle de l'équipage. Les navires français doivent être préférés, parce qu'on y est mieux nourri, et plus commodément logé, que dans les navires américains ; ceux qui n'ont jamais voyagé sur mer et qui sont effrayés du trajet, feront bien aussi de s'embarquer sur des bâtimens français ; parce que les Américains ne prennent que peu d'hommes d'équipage, ce qui rend le service plus pénible, et les dangers de la mer plus grands. D'ailleurs, en cas de maladie, les secours, dans leurs vaisseaux, sont moins prompts et moins multipliés que dans les nôtres.

F 4

On trouve à acheter de bonnes terres, dans les Etats-Unis, depuis 20 sols de France jusqu'à un dollar (1) l'acre.

Je parle ici des terres neuves.

Il est plus prudent de ne faire son acquisition que dans le pays.

Il faut avoir soin de ne point trop s'éloigner des grands fleuves.

J'ai vu vendre en 1794, dans la Virginie, pour 100 louis, des plantations composées de 100 acres de terre, dont 40 en culture (le reste couvert de bois), avec maison (log-house), usines, quelques bestiaux et les instrumens aratoires nécessaires à la culture. Ces marchés-là sont plus rares aujourd'hui ; on estime qu'il s'est fait une augmentation d'un sixième sur ces sortes de terres.

Le prix du loyer d'un *wagon* (charrette à quatre roues) est de deux dollars par jour, ou d'un quart de dollar par cent pesant ; lorsqu'on prévoit que le voyage de terre doit durer plus de six à huit jours, et qu'on s'éloigne des côtes de la mer, il faut se munir d'une tente, et de provisions de bouche.

Dans tous les Etats du sud, le loyer d'un nègre est de 4 à 5 dollars par mois, et celui d'une négresse de 2 à 3 dollars.

_____

(1) Le dollar vaut 5 francs 42 cent.

Un noir peut éclaircir (1) un quart d'acre de terre par jour; et si les arbres sont très-gros, un huitième d'acre. (Il ne faut compter que sur six jours de travail dans la semaine, attendu que le dimanche s'observe exactement en Amérique).

Si ce noir est aidé par une femme, il pourra éclaircir jusqu'à deux acres de terre par semaine.

Il peut cultiver, avec une charrue de deux chevaux, 20 à 30 acres de maïs, et 15 acres de blé froment dans la même année, ou bien 20 à 30 acres de maïs; plus, 4 acres de tabac, et 6 acres d'indigo. Avec une femme pour l'aider, sa culture augmentera d'un tiers.

Dans les bonnes terres neuves, une acre de maïs produit de 20 à 25, et même 30 boisseaux anglais.

Une acre de blé froment, de 18 à 20 boissseaux.

Une acre de coton, de 250 à 350 livres pesant.

Une acre de tabac de 600 a 650 livres pesant.

Le prix du maïs varie suivant l'abondance des récoltes, la quantité des demandes, et l'éloignement de la mer. Néanmoins, il ne descend presque jamais au-dessous d'un demi-dollar le boisseau, à la distance de 20 lieues des côtes; mais plus loin, il tombe jusqu'à un quart de dollar; il est très-rare qu'il soit plus bas.

---

(1) On appelle éclaircir une terre, abattre les arbres qui la couvrent, quelquefois on les brûle; c'est sur-tout quand on est éloigné des villes, ou des fleuves navigables.

Le blé-froment varie d'un dollar et demi à deux dollars le boisseau.

Le tabac va de 3 à 6 dollars le quintal. Le coton se vend depuis un quart de dollar jusqu'à 2 schellings la livre.

Le prix d'un cheval de charrue est de 20 à 30 dollars ; celui d'une vache de 5 à 6 dollars ; celui d'un bœuf ou taureau de 8 à 10 dollars.

Les cochons sont un des articles les plus avantageux aux cultivateurs en Amérique. Il faut les acheter jeunes, ils reviennent à très-bon marché ; cinq ou six mois suffisent pour les engraisser ; et comme ils vivent dans les bois, leur nourriture ne coûte presque rien ; la vente s'en fait en hiver, et fournit de l'argent pour cette saison difficile.

Quant aux outils propres à la culture d'une plantation, il vaut mieux les acheter en Amérique ; ils ne sont pas plus chers qu'en Europe, et ils conviennent mieux aux travaux du pays.

Cependant il faut en excepter les clous, qui sont à meilleur marché en France, que par-tout ailleurs.

Les outils principaux dont il convient de se munir dans les villes maritimes, sont des haches, des piques, des houes, des socs de charrues, des scies de diverses grandeurs, etc.

La barrique de rum des Antilles se vend dans les principales villes de commerce, de 5 à 6 livres

(pounds) sterlings (1), c'est - à - dire de 124 à 148 francs.

Avec trois barriques, on fera aisément construire une maison de bois (log-house), une écurie, et les autres usines nécessaires à une ferme. C'est l'usage dans la contrée de l'ouest, de payer ainsi les ouvriers, et le propriétaire y trouve un avantage. Le bénéfice qu'il retire sur la vente de son rum, diminue presque de moitié ses frais de construction.

On doit choisir l'été pour s'embarquer. L'automne est la meilleure saison pour éclaircir la terre ; c'est sur-tout vers le mois d'octobre que l'on commence. En six mois, on peut défricher 20 acres de bois ; c'est-à-dire abattre les arbres, brûler les branches et les lianes, cerner les racines, et préparer les morceaux de bois qui servent à la clôture ; de sorte qu'au mois d'avril on peut commencer à ensemencer le terrain. C'est dans ce mois, que l'on plante le tabac et le maïs ; le blé, l'orge et le seigle se sèment en novembre, et l'avoine en février.

Les nègres sont fort chers dans la Caroline du sud ; mais dans la Caroline du nord, dans la Virginie, le Maryland, et sur-tout dans ce dernier Etat, on peut acheter un noir fort et vigoureux, propre aux travaux de la campagne, pour 50 ou 60 pounds sterlings, ou bien 2 ou 300 dollars.

---

(1) Un pound égale 20 schellings de 12 pences sterlings.
Un pound vaut 24 francs 76 cent.

Les nègres des trois Etats que je viens de citer, sont extrêmement adroits, pour arranger et même forger des instrumens aratoires : ils sont en état de bâtir de petites maisons de fermes. Ils sont aussi très-versés dans la culture du blé, du maïs, du tabac et dans celle du coton ; mais on conseillera toujours de louer des nègres libres. Ils sont ordinairement plus industrieux et plus sobres que les autres. On les préfère même aux domestiques blancs, parce qu'ils sont plus durs à la fatigue, que leurs gages sont moins chers, et qu'ils rendent plus de services.

Les émigrans qui s'éloigneront des bords de la mer, pour aller s'établir dans les contrées de l'ouest, feront bien, s'ils ont un *wagon* à leur disposition, ou qu'ils remontent quelque fleuve, d'emporter avec eux une certaine quantité de sel ; c'est une denrée fort rare et fort chère dans tout l'intérieur des Etats-Unis. La vente en est toujours prompte et très-avantageuse ; le bénéfice qu'ils en retireront, les dédommagera aisément de leurs frais de route.

NOTE INDICATIVE

Des principales Denrées et Marchandises Françaises, convenables aux exportations destinées pour les Etats-Unis d'Amérique.

QUOIQUE le sol des Etats-Unis soit propre à la vigne, et que, d'après les essais nombreux qui ont été faits, on ne puisse douter que cette culture ne devienne un jour d'un grand avantage pour cette République naissante, néanmoins tout le vin qui s'y consomme provient d'importations.

Les vins qui conviennent le mieux au commerce de ce pays-là, et que les Américains préfèrent, sont : le Porto, le Madère, le Ténériffe, le Xerès et généralement tous les vins chauds. Les vins de Provence s'y vendent très-avantageusement, tant par l'analogie qu'ils ont avec les vins de Portugal, que par leur qualité qui les rend propres à supporter la traversée. La mer, loin de leur faire perdre de leur force, en leur ôtant cette densité qui les rend âcres, leur donne une saveur et un goût agréable.

Le vin de Bordeaux s'y vend encore avec assez de facilité ; mais il convient moins que dans nos colonies, où il est généralement préféré à toute autre espèce.

Quant aux vins de Bourgogne et aux vins de Champagne, ils supportent difficilement la traversée, et l'on ne peut les envoyer qu'en bouteilles : la vente en est lente et peu avantageuse. J'ai vu de ces sortes de vins s'altérer au point de devenir tout-à-fait aigres pendant le trajet. D'ailleurs, les frais d'exportation sont considérables, à cause des bouteilles, de l'encaissement et de l'emballage.

Une exportation bien préférable à celle des vins, pour les négocians français, c'est celle des eaux-de-vie : la vente en est prompte et très-lucrative.

Personne n'ignore que les eaux-de-vie de France sont estimées les meilleures qui existent, dans tous les pays où elles sont connues. Cependant le peuple américain, habitué au rum, en fait peu d'usage ; mais il n'est pas de bonnes maisons où l'eau - de - vie de France ne soit servie de préférence à toute autre liqueur. Aussi s'en fait - il une grande consommation dans tous les États-Unis.

Il faut cependant observer qu'il ne s'agit ici que de l'eau-de-vie de vin ; car, les eaux-de-vie de cidre ou de grain n'y sont pas estimées ; et celles de cette espèce qui se fabriquent en Amérique, ont la préférence sur les étrangères, tant par le bon marché, que par la qualité.

Mais les bonnes eaux-de-vie d'Orléans, de Bordeaux, du Languedoc sont d'une vente certaine et avantageuse.

Les produits de la Provence, tels que les huiles d'olive, les fruits secs, et sur-tout les pruneaux, offrent une exportation lucrative ; cependant il faut faire quelques observations à cet égard.

Les huiles que l'on envoie dans les Etats-Unis, doivent être d'une qualité moyenne ; les plus fines reviennent trop cher, et se vendent lentement ; les huiles inférieures, ou mêlées, prennent un mauvais goût pendant la traversée, et alors il est difficile de s'en débarrasser.

Quant aux huiles de bonne qualité, sans être de la première, il faut avoir soin de les mettre en bouteilles et de les encaisser par petites parties de 25 à 30 pintes : c'est le moyen de s'en défaire promptement. Les olives sont très-sujettes à se gâter pendant le trajet ; et la vente, en général, en est lente et peu lucrative.

Parmi les différentes espèces de pruneaux, ceux qui sont préférés sont les gros pruneaux de Tours. On n'en a jamais assez dans les Etats-Unis ; et cela, parce qu'on s'en sert pour donner une qualité supérieure au rum. Ils ont aussi la propriété de lui donner cette couleur jaunâtre qui le fait paraître vieux. On en met environ une demi-caisse par barrique. J'ai vu du rum de la Nouvelle-Angleterre, qui est le plus inférieur de toutes les espèces , prendre une teinte dorée , et perdre entièrement ce goût de mélasse qui lui est si ordinaire , à l'aide d'une caisse de pruneaux que le marchand y avait jeté et laissé séjourner pendant dix-huit mois. Dans cet espace de tems , il avait acquis une qualité excellente.

Il n'y a donc pas de fruits secs dont la vente soit plus assurée, et moins sujette à variation, que celle des beaux pruneaux. On en peut recommander l'exportation en toute sûreté.

Parmi les objets dont les Français font un commerce presqu'exclusif , il faut compter les soieries de Lyon , les galons d'or et d'argent , et les modes.

Les bas de soie blancs d'hommes , seconde qualité ; les crêpes et gazes de Lyon ; les petits taffetas , les rubans unis forts , et les souliers couverts en soie , pour femme , sont les marchandises de ce genre, dont la défaite est la plus prompte. Néanmoins il est bon de ne se charger de ces objets qu'en petite quantité : le bénéfice est assez considérable ; mais on peut dire , en général, que la vente en est difficile, qu'il est même de certains Etats, tels que la Caroline du nord , la Virginie, le Jersey, la Nouvelle-Providence, etc. , et quelques autres, où une cargaison entière de ces marchandises serait extrêmement longue à échanger ou à vendre. Quant aux étoffes d'un haut prix, et que la main-d'œuvre rendent chères, le pays est encore trop peu habité, à raison de son étendue, et

l'argent

l'argent trop rare, pour qu'ils soient d'une vente lucrative. J'ai vu de ces riches étoffes données à prix
coûtant ; et les capitaines avaient encore de la peine
à trouver des acquéreurs.

Pour les galons d'or et d'argent, il n'y a que ceux
qui peuvent convenir aux uniformes militaires, qui
soient de vente. Les autres ne conviennent pas aux
vêtemens américains, qui ne sont remarquables que
par leur extrême simplicité.

Nous arrivons ici aux trois articles que le commerce français fait le plus exclusivement, et dont il
doit rester encore long-tems en possession ; il s'agit
de l'horlogerie, de la bijouterie et de l'orfévrerie.

Je ne connois pas d'exportation plus avantageuse,
sous les trois rapports de la facilité de l'envoi, de la
promptitude de la vente et du bénéfice, que tout ce
qui compose l'horlogerie ; il faut cependant remarquer qu'il n'est question ici que des ouvrages de
bonne qualité, mais d'un prix moyen : ainsi, les
montres d'argent, depuis un louis jusqu'à quatre ; les
montres d'or, depuis trois louis jusqu'à vingt-cinq ;
les pendules, depuis six louis jusqu'à cinquante, sont
d'une vente facile et très-lucrative, dans tous les
Etats, mais sur-tout dans ceux du centre et de l'intérieur. Les horlogers français y sont eux-mêmes fort
recherchés, et leur travail y est payé plus cher, que
celui des horlogers des autres nations.

G

La bijouterie de France est généralement estimée dans les Etats-Unis d'Amérique. Cependant, on doit recommander de ne pas y envoyer d'objets chers ; ce qui est le plus demandé, ce sont les boucles d'oreilles, les épingles, les peignes dorés, les bracelets, et les chaînes de montres, à bon marché.

L'orfévrerie va peu dans les Etats-Unis, par la raison que l'argent s'y trouve plus partagé, qu'il ne l'est dans la plupart des Etats de l'Europe. Peu de travail suffit pour vivre dans l'aisance, mais il est difficile d'y acquérir de grandes richesses : aussi est-il extrêmement rare d'y voir des fortunes colossales, comme il s'en trouve en Angleterre, en France et en Espagne, etc.

La tabletterie, les gravures, les ouvrages d'osier sont des objets dont l'exportation est lucrative dans les Etats-Unis. Nous sommes en état de donner ces marchandises à meilleur marché que les Anglais, et c'est ce qui nous vaut la préférence sur eux. Il est bon cependant d'observer aux armateurs et aux capitaines qui ne veulent pas que leurs navires y fassent un long séjour, qu'ils ne doivent pas se charger d'une grande quantité de chaque objet, parce que la vente en est toujours lente, et que les frais de station, qui ne laissent pas que d'être assez considérables, diminuent de beaucoup les bénéfices.

Les ouvrages de la rue Greneta offrent un bénéfice de plus de cent pour cent, quand le choix en est bien fait, c'est-à-dire, dans les prix moyens. Le très-beau, ou le très-commun en toute espèce de marchandises, se vend difficilement dans la République américaine : il n'est donc pas prudent de s'en charger.

La consommation qui se fait en Amérique, en fer et en acier, offre un moyen de spéculation aux négocians français. Il n'est pas de nation qui puisse fournir les clous à un prix aussi bas que la France ; de sorte que c'est un article dont on peut recommander l'exportation en toute sûreté.

Il n'en est pas de même des scies, des pelles, des pioches, des bêches et des houes : les Américains, accoutumés aux instrumens aratoires de façon anglaise, se décident difficilement à acheter des nôtres. D'ailleurs ils ont élevé plusieurs manufactures de ces objets dans divers Etats ; et dejà celles de New-Yorck et de la Pensylvanie ont eu le plus grand succès. Il n'est donc pas probable que l'Angleterre, qui fait des exportations considérables de ces objets, puisse les continuer long-tems.

Les Anglo-Américains ne pourront, d'ici à une longue suite d'années, manufacturer chez eux assez de papier pour leur usage ; ils consomment donc celui qui leur est importé d'Europe. L'Angleterre en fait des envois considérables ; mais les négocians français qui voudront tenter la concurrence, seront sûrs de la réussite. Nous fesons d'aussi beau papier qu'aucun autre pays de l'Europe, et nous sommes en état de le donner à meilleur marché que les Anglais, par la raison que les chiffons qui en sont la matière première, sont à un prix plus bas en France, qu'ils ne le sont en Angleterre.

Quoique les habitans des Etats-Unis tapissent peu leurs appartemens, les papiers peints ne laissent pas d'être d'une assez bonne vente, parce que le goût des tentures en papier commence à prendre dans le nord du continent. Cependant il ne serait pas prudent d'en faire un envoi considérable.

Les pierres propres à faire des meules de moulin se vendent avantageusement dans les Etats-Unis; l'exportation en est facile, parce que les capitaines les font charger à fond de cale, pour tenir lieu de lest. On exporte ainsi le plâtre en pierre, et il se vend très-promptement, sur-tout dans la Virginie et dans le Maryland. Il faut se contenter, sur ces deux sortes d'objets, d'un bénéfice médiocre. La même observation s'applique au sel, dont l'exportation est avantageuse, et la vente certaine et prompte.

Quant aux draps français, on n'en peut guère conseiller l'envoi, à moins que ce ne soit des plus belles qualités : car, les Anglais donnent leurs draps communs à meilleur marché que nous, parce que la matière première est chez eux à un prix plus bas qu'elle ne l'est en France.

Les draps communs qui se fabriquent dans les manufactures françaises sont, à la vérité, d'un meilleur

user que les leurs ; mais ils ont moins d'apparence.
Il n'en est pas de même de nos draps superfins , sur-
tout dans les couleurs écarlate, bleu national , noir,
puce ou couleur d'évêque , et gris-blanc. Pour ceux-
ci, nous avons la supériorité sur les manufactures
anglaises, et les Américains nous rendent justice à cet
égard. Il ne convient donc pas de faire d'autres envois de draps , si ce n'est dans ces qualités ; mais,
comme les prix en sont nécessairement très-élevés,
la vente s'en fait lentement, et presque toujours par
échange.

C'est principalement dans les Etats du nord, que ce
dernier article offre quelqu'avantage aux capitaines
français.

Je vais terminer ici la liste des marchandises françaises qui conviennent au commerce des Etats-Unis.
Je n'ignore pas que j'aurais pu l'étendre davantage ;
mais je ne me suis proposé que de donner une no-
menclature succincte des principaux objets que les
négociants de France peuvent exporter , avec un
avantage certain, dans la République américaine.

Tarif des Droits que payent les marchandises importées dans les États-Unis d'Amérique, pour servir de guide aux Négocians et Fabricans de France.

(L'évaluation de ces droits est donnée pour les marchandises importées dans les navires appartenant aux États-Unis ; mais, lorsque l'importation se fait dans des bâtimens de toute autre nation, ces droits sont de dix pour cent plus forts).

La somme indiquée dans la première colonne est calculée à raison du cent pesant, ou du cent de boisseaux ou gallons (1) ; celle comprise dans la seconde colonne est supputée à raison de tant pour cent de la valeur des objets, tels qu'ils sont portés sur la facture, ou estimés.

	Cent pes. Boisseaux ou gall	Valeur.
ARMES à feu, armes blanches de toute espèce		15
Instrumens de physique, appareil électrique.		Exempts.
Bierres de différentes sortes ; porter.	8	
Fleurs artificielles, plumes et autres pompons.		15
Anis en grains.		15
Ancres.	10	
Canons de toute espèce		Exempts.
Serrures, gonds, houes, enclumes, vis.	10	
Briques et tuiles.		15
Bas, bonnets et chapeaux.		15
Bottes (par paire)		75
Livres		10
Boutons de toute espèces ; boucles *idem*		15
Brosses.		10
Carrosses et charronnage de toute espèce.		20
Cartes à jouer (par cent de paquets)		25

(1) Le gallon égale quatre pintes.

	Cent pes. Boisseaux ou gall.	Valeur.
Cardes à coton ou à laine (par douzaine).		5o
Cables et cordages goudronnés par M.	18o	
Tapis de toute espèce.		15
Chandelles.	2	
Bougies , blanc de baleine	6	
Capres		1o
Cannes , badines et fouets		1o
Batiste		1o
Fromage.	7	
Porcelaine de la Chine ; *idem* d'Europe.		15
Cannelle , girofles , confitures et sucreries.		15
Mousselines , perses , calicots , et toute espèce d'étoffes de coton		15
Chocolat	3	12 1/2
Gros souliers et galoches (par paire)		15
Eaux de senteur ; gants de peaux.		15
Charbon de terre		15
Couleurs pour les peintres , et cuivre manu-facturé		15
Cuivre en barres , en planches , en lingots.		Exempts.
Café	5	
Coton	3	
Pendules,montres et autres articles d'horlogerie.		15
Vêtemens tout faits ; gazes.		1o
Les meubles , livres , fournitures de maison , les vêtemens , les outils de la profession des personnes qui viennent s'établir dans les Etats-Unis , sont		Exempts.
Figues , dattes , composition pour les dents , et toute espèce de préparation pour la bou-che.		15
Jouets d'enfans		15
Drogues médicinales		15
Bois à teindre		Exempts.
Poteries et faïences.		15
Essences , poudre à cheveux et pâtes.		15
Eventails , fruits secs de toute espèce		15
Bouteilles noires.		1o
Carreaux de vitre , miroirs et glaces de toute espèce.		2o
Sel de Glauber (par mille pesant)	200	
Vaisselle d'or et d'argent , galons *idem*		15

Toutes les espèces de marchandises importées de la Chine sont exemptes, excepté le thé, dont les droits varient suivant la qua-lité, ainsi qu'on le verra plus bas. Toutes les marchandises qui ne sont pas destinées à être vendues dans les Etats-Unis sont exemptes de droits.

	Cent pes. Boisseaux ou gall.	Valeur.
Indigo	25	
Fer manufacturé sous toute sorte de formes, excepté les gros outils ci-dessus mentionnés. . .		15
Jouailleries, ouvrages de carton, et franges. .		15
Linons, dentelles et modes.		15
Cuirs tannés, et tous ouvrages en cuir. . .		15
Vins de Lisbonne, d'Oporto et de Madère. .	25	
Oranges, citrons, limons et muscades. . .		15
Mélasse.	5	
Clous.	2	
Nankins.		12 1/2
Olives, huiles, parfums.		15
Parchemins et vélins		10
Poivre		6
Piment		4
Fruits confits, cornichons et capres confits. .		15
Raisins, pruneaux, figues confites.		15
Ardoise, pots de grès, amidon.		15
Toile à voile		10
Satins et autres étoffes de soie, selles de chevaux, souliers d'enfans.		10
Esprits de vin, depuis 28 jusqu'à 50, par gallon, suivant le degré de force.		
Rum depuis 13 jusqu'à 28, suivant le degré.		
Pour l'esprit distillé dans les Etats-Unis, il varie de 7 à 18 par gallon, suivant la qualité.		
Sucre brut (par livre)	1 1/2	
Cassonnade blanche.	3 1/2	
Sucre en morceaux.	6 1/2	
Sucre en pain	9	
Sucré rafiné	6 1/2	
Sucre candi		10
Thé bou, venant de la Chine (par livre). .	10	
Thé souchongs idem . . , ...	18	
Thé hyson idem.	52	
Thés verts de diverses espèces	20	
Thés venant d'Europe.		
Thé bou idem . . . . : .	12	
Thé souchongs idem	21	
Thé hyson.	40	
Thé vert	24	
Tabac manufacturé.		22
Tables de marbre.		15
Savon (par livre).	2	
Vin de Ténériffe	20	
Velours pleins, et petits velours.		10

Les droits sur le sel sont à raison de 12 pour cent par boisseau de 56 livres pesant.

~~~~~~~~~~~~~~~~~~~~~~~~~~~~~~~~

NOTE INDICATIVE

Des Productions que peuvent fournir les Etats-Unis d'Amérique, en retour des marchandises françaises.

————————

Le tabac est un article d'étape pour tous les Etats compris depuis le Jersey jusqu'à la Géorgie inclusivement.

La Virginie exportait annuellement, avant la révolution, 60 mille boucauts de tabac, pesant 60 millions de livres. Le Maryland en exportait 40 mille boucauts. Aujourd'hui l'exportation que ces deux Etats font de cet article, ne va guère à plus de moitié de cette quantité.

Les Carolines et la Géorgie qui cultivaient peu cette plante autrefois, s'y sont adonnées depuis quelques années ; tandis que la Virginie et le Maryland se sont livrés à la culture du blé, du chanvre, du lin et du maïs, productions dont le rapport est plus assuré et plus lucratif que celui du tabac (1).

———————————————————————

(1) Un boucaut de tabac pesant 1,000 livres se vend en Virginie 10 pounds du pays, c'est-à-dire 180 francs, monnaie de France.

La Géorgie, la Caroline du sud, la Caroline du nord, fournissent de l'indigo ; mais on doit observer qu'il est inférieur à tous les autres, et qu'ainsi, quoique le prix en soit beaucoup plus bas que celui de l'indigo des Antilles, il revient plus cher à l'usage, attendu qu'il faut suppléer, par la quantité, au défaut de qualité. Cependant, depuis quelques années, les cultivateurs de la Caroline du sud en ont perfectionné la culture, et il est devenu meilleur ; de sorte que, dans certaines teintures, on l'emploie avec avantage et de préférence à l'indigo de Saint - Domingue. On peut donc, en toute sûreté, en prendre en échange des marchandises françaises.

Le sol maigre et sabloneux, voisin de la mer, et qui s'étend à l'ouest, depuis 40 jusqu'à 120 milles de profondeur, dans le Jersey, la Virginie et la Caroline du nord, produit un grand nombre de sapins, d'où l'on tire la térébenthine et le goudron. Ces deux articles se trouvent aussi dans les autres Etats de l'Union ; mais ils n'y sont pas à aussi bon marché que dans les trois que nous venons de citer.

Les négocians des Etats-Unis mettent les blés et les farines au rang des principaux articles d'étape de leur pays (1) : et c'est à juste titre, puisque les défriche-

_____

(1) On appelle article d'étape, ces sortes de productions du sol ou de l'industrie tellement naturalisées, qu'elles font partie essentielle de la richesse nationale, et qu'on en favorise le commerce par de grands établissemens, tels que des bâtimens publics, des dépôts, des marchés. Ce sont ces bâtimens, ou marchés, qui s'appellent proprement étapes. *Voyez* Bu***.

mens continuels qui se font dans cette vaste contrée, fournissent un superflu de blé très-considérable.

Ce sont les Etats-Unis qui fournissent depuis long-tems les grains qui se consomment dans une grande partie des Antilles.

Le chargement des blés est plus avantageux, quand le retour se fait en Europe, par deux raisons ; la première, c'est que les farines sont sujettes à s'échauffer ; la seconde, c'est que le prix de la mouture est à meilleur marché dans l'ancien que dans le nouveau continent.

Mais pour Saint-Domingue et les autres îles de cet Archipel, il faut toujours prendre des farines.

Entre les nombreuses subsistances que la nature a prodiguées aux habitans des Etats-Unis, on doit compter le poisson comme une des plus abondantes et qu'il leur est le plus facile de se procurer. L'étendue immense de leurs côtes, la proximité de mers peu fréquentées, leur donnent le moyen de fournir, aux Européens, le poisson à meilleur marché que ceux-ci ne pourraient le pêcher. Ils en portent beaucoup en Espagne et en Portugal, en retour des vins et liqueurs qu'ils tirent de ces pays-là.

L'huile de baleine provient des pêcheries. C'est encore un des objets intéressans du commerce d'exportation que fait la République Américaine. Il faut joindre à ces deux articles, celui du blanc de baleine, dont on se sert très-avantageusement pour faire une sorte de chandelle , qui imite la bougie et donne une belle clarté. L'usage en est très-répandu dans tout le nord de l'Europe.

Les grands établissemens que les Anglo-Américains forment tous les jours, dans le vaste territoire qu'ils possèdent au-delà des montagnes , leur procurent les moyens de faire le commerce de fourrures et pelleteries, avec presqu'autant d'avantage que le Canada. Ces deux articles peuvent être regardés comme marchandises d'étape dans la plus grande partie des Etats-Unis.

La construction des vaisseaux est une branche considérable du commerce de Boston, New-Berry et des autres ports de la Nouvelle-Angleterre.

Le commerce de New-Yorck consiste principalement en chevaux, bœufs, porcs, etc., froment, pois et toute sorte de grains.

Le Maryland a un grand nombre de forges, et il fait de nombreuses exportations des divers produits de ces forges, tels que du fer en barre et du fer en saumons, des ustensiles de fer fondu , comme marmites, chaudrons, plaques de cheminées, etc. etc. ; mais le prix de ces objets est trop élevé, pour qu'un capitaine français s'en charge en retour pour l'Europe ; il ne peut les prendre en échange que lorsqu'il va relâcher dans quelques ports des Antilles.

Le tabac du Maryland est moins agréable à l'odorat, que celui de Virginie ; mais il est beaucoup plus

foit, et jouit, par cette raison, d'une grande préférence sur ce dernier, spécialement dans tout le nord
de l'Europe.

La Caroline du nord peut fournir en retour des
marchandises françaises, des cuirs, de la cire, des
pelleteries, et pour les Antilles, des farines, du riz,
des salaisons et des légumes secs.

Voici ce qu'un publiciste éclairé dit des bois de
construction que l'on trouve en si grande abondance
dans les États méridionaux.

« Les côtes sont couvertes de bois propres pour la
» navigation et autres usages, et en quantité suffisante
» pour remplir les besoins des premières puissances
» maritimes de l'Europe, pendant plusieurs siècles.

» Le chêne vert, dont la Géorgie offre de si belles
» forêts, réunit les qualités les plus précieuses. On
» peut en tirer de la baie de Sainte - Marie, d'une
» écarissure plus considérable que celui qui vient du
» Levant. Il est compacte ; les vers ne l'attaquent ja-
» mais, et sa durée est sans égale. Le pied cube pèse
» 95 livres, c'est - à - dire 20 livres de plus que le
» chêne blanc dont on se sert ordinairement ».

Quoique le rum de la Nouvelle-Angleterre ne soit
pas d'une excellente qualité, cependant il s'en fait
une exportation considérable. Comme il ne revient
guère qu'à un demi - dollar le gallon (4 pintes), il

offre aux capitaines qui en prennent en retour, un bénéfice très – avantageux ; aussi est - il très - commun en France. Cependant, il serait à propos de conseiller aux capitaines, qui persistent à ne pas mettre un ou deux schellings de plus par gallon, pour avoir du rum des Antilles, de les mêler au moins par moitié ; il en résulterait une qualité de rum passable, et, par ce procédé, il perdrait le goût désagréable de mélasse.

ANALYSE STATISTIQUE

Des principaux faits qui caractérisent la République Américaine, ses habitans et son territoire.

———

Les dépenses du gouvernement sont beaucoup moins considérables, en raison du nombre des habitans et de la richesse de la nation, qu'elles ne le sont généralement dans aucune nation européenne.

La nation ne compte, parmi ses revenus, aucune taxe territoriale, ni aucune taxe intérieure ou droit sur les denrées de première nécessité, telles que grains, boissons, bois à brûler, éclairage, etc. ; aucune taxe sur les manufactures, soit étrangères, soit nationales ; ni sur les productions indigènes ou naturalisées, excepté un droit de quelques pences sterlings sur les liqueurs distillées dans l'intérieur des Etats-Unis. La plus grande partie des charges publiques sont supportées par les droits d'importation, mis sur les marchandises étrangères, lesquels droits sont remboursés lorsque ces mêmes marchandises sont exportées ; de sorte que ces droits ne se payent effectivement que sur celles qui se consomment dans le pays. Ils sont donc, par ce moyen, les moindres possibles, et servent d'encouragement aux manufactures américaines.

Le commerce est également encouragé par des *drawbacks* (1) de tous les droits d'importation sur les marchandises étrangères, lorsqu'on les exporte, excepté sur quelques denrées d'une espèce particulière, dont l'importation et la consommation ne sont point à désirer dans les Etats-Unis.

On a établi une administration des monnaies, sous la direction de l'homme le plus savant et le plus expérimenté dans les arts et dans les sciences, qu'ait produit l'Amérique ; c'est assez désigner M. *David Rittenhouse.*

La loi a pourvu à ce que la pureté et la valeur intrinsèque des pièces d'argent soient égales à celles des piastres d'Espagne, et que la monnaie d'or soit au même titre que celle des nations d'Europe les plus scrupuleuses à cet égard. Le gouvernement des Etats-Unis renonce à toute espèce de profit sur la fabrication des monnaies ; ce qui ne peut manquer d'être considéré par les politiques, comme une mesure très-sage.

Les banques établies dans les différentes villes de Philadelphie, New-Yorck, Boston, Baltimore, Charleston, Alexandrie, etc., partagent un dividende

_____

(1) Drawback signifie remboursement des droits payés sur une marchandise ou denrée.

dont

dont le bénéfice annuel s'elève de 8 à 9 pour 100.
Ce dividende se paye exactement par semestre.

L'intérêt de la dette publique se paye par trimestre, avec la plus grande exactitude.

Les fonds placés dans les banques, sont exempts de toute imposition.

La construction navale acquiert une nouvelle activité chaque année ; et jamais cet art, si précieux pour le commerce , n'a été poussé à un plus haut degré de perfection , qu'il ne l'est aujourd'hui dans les Etats-Unis d'Amérique ; on y multiplie journellement les ateliers , où se fabrique tout ce qui concerne l'équipement et l'armement des vaisseaux.

La valeur des objets manufacturés est estimée à plus du double de celle des denrées brutes qui s'exportent annuellement des Etats-Unis.

La valeur des objets manufacturés dans les Etats-Unis est beaucoup plus considérable, que la valeur brute de toutes les marchandises importées dans le pays, en y comprenant même celles qui se réexportent.

Les objets manufacturés dans les Etats de l'Union américaine , consistent principalement en articles de première nécessité , d'utilité publique et d'agrément ; les articles de luxe et de modes ne se fabriquent point en Amérique , ils sont presque tous importés.

Le nombre des manufactures et ateliers dans les

H

Etats-Unis, a plus que décuplé depuis la dernière guerre.

Il n'est presque pas de planteurs, ni de fermiers, qui ne fassent fabriquer dans leurs habitations, les articles de première nécessité ; on pourrait dire la même chose des habitans des villages et des nouveaux établissemens.

Les exportations des Etats-Unis se sont accrues du double depuis huit ans. Ces exportations consistent principalement en denrées et grains destinés, soit à la nourriture des hommes, soit à celle des animaux, ou en matières premières, propres aux manufactures d'une utilité ou d'une consommation générale.

Les productions de la terre qui s'exportent sont exemptes de tous droits, ainsi que les denrées de première nécessité. Le gouvernement s'est réservé la faculté d'en suspendre et d'en interdire entièrement l'exportation, dans le cas où l'utilité publique le commanderait.

Les productions et marchandises des Etats-Unis peuvent s'exporter librement dans tous les bâtimens, de quelque nation qu'ils soient, (excepté ceux ennemis), sans aucune restriction, ni déclaration particulière.

Les exportations faites par les Etats-Unis sont huit fois plus considérables, que les taxes et droits perçus par la nation.

Tous les navires et vaisseaux sortant des ports des Etats-Unis sont entièrement chargés, excepté ceux qui font le commerce des Indes orientales.

Une grande quantité de tonneaux sont employés à la pêche de la morue et de la baleine, ainsi qu'au commerce du cabotage.

Les importations faites dans les Etats-Unis s'élèvent moins haut que les exportations, si on a soin de déduire, pour le fret des bâtimens nationaux (qui se paie en marchandises), le produit des transports au compte des autres nations, les diverses propriétés annuellement importées par les émigrans qui viennent s'établir dans le pays, et le montant des droits perçus.

Les importations faites pour la consommation des habitans des Etats-Unis, n'ont pas augmenté en proportion de l'accroissement de leur population et de leurs richesses. La raison de cette différence vient de ce qu'il s'établit continuellement de nouvelles manufactures, et que les anciennes prennent une plus grande extension.

Par la même raison, on ne trouve plus, dans les importations faites pour l'usage des Etats de l'Union, aucun des objets nécessaires aux forces maritimes, ou aux forces militaires; on n'en trouve qu'un très-petit nombre qui soient de première nécessité.

Les importations dans les Etats-Unis consistent principalement en articles de luxe et d'agrément;

H 2

mais les exportations consistent, pour la plupart, en denrées et matières premières. Il s'y rencontre très-peu d'articles de luxe.

Le tableau suivant donnera une idée des principaux articles d'exportation, et de leur quantité, pendant une année : celle-ci est prise sur trois. (On prévient que les nombres fractionnaires y sont négligés).

6,000,000 Boisseaux de grains.
60,000 tant chevaux que bêtes à cornes, porcs et moutons.
3,000,000 Barils de diverses sortes de farines, riz et biscuits.
250,000 Barils de goudron, poix et térébenthine.
280,000 Barils de bœuf, porc, mouton, charcuterie, et huîtres marinées.
300,000 Barils de morue, tant sèche que verte.
1,250,000 Gallons d'esprits distillés dans les Etats-Unis.
20,000 Tonneaux (pesant chacun 2,000) de potasse.
160,000 Boucauts de tabac.
80,000,000 Pieds de planches et de soliveaux.
50,000 Tonneaux de bois de construction.
1,500 Bras de carcasse de vaisseau, tant en cèdre qu'en chêne.
80,000,000 Planchettes à couvrir les maisons.
42,000,000 Douves et cerceaux.
500 Charpentes complettes de maison.
80,000 tant rames, que tiges d'ancre et boulons.
90,000 Boucauts de graine de lin.

Les denrées et marchandises importées dans les Etats-Unis viennent directement des pays qui les produisent ou les manufacturent. La Chine, les grandes Indes, les îles de Bourbon et de France, le cap de Bonne-Espérance, les divers établissemens de l'Amérique méridionale, les Antilles, les îles Canaries et de Madère, les pays situés sur les mers Baltique et Méditerranée, la Grande-Bretagne, l'Irlande, la France, l'Allemagne, l'Espagne, le Portugal, font un commerce direct avec la République Américaine.

La moitié du nombre des navires et vaisseaux appartenant aux Etats-Unis, suffit pour transporter les denrées et marchandises qui se consomment dans le pays.

Tout habitant des Etats-Unis a le droit de s'intéresser dans un commerce étranger, soit qu'il se fasse dans la République même, soit qu'il se fasse chez toute autre nation. (Il faut cependant en excepter la traite des nègres).

Le commerce des Etats-Unis est très-varié et très-lucratif : il consiste, 1°. en importations pour la consommation intérieure ; 2°. en objets importés pour réexportations ; 3°. en commissions et transports ; 4°. en pêches et cabotage ; 5°. en assurances de navires, cargaisons et maisons ; 6°. en fonds placés aux banques ; 7°. en exportations à la Chine et aux grandes Indes ; 8°. en productions du sol, vendues dans le pays ; 9°. en objets manufacturés dans l'intérieur. Tout individu a droit de prendre un intérêt dans toutes les branches de commerce qui se font, soit au-dehors, soit dans l'intérieur.

L'intérêt légal de l'argent est de 6 pour 100 dans la plupart des Etats-Unis ; cependant, il est de 7 et 7 et demi dans quelques-uns ; il n'y en a qu'un où il soit de 5 seulement.

Les Etats-Unis ont entièrement aboli la traite des nègres, et quelques-uns ont aboli tout-à-fait l'esclavage ; les autres ont pris des mesures pour qu'il s'éteigne insensiblement.

Les vêtemens, livres, meubles, outils et instrumens de quelqu'état ou profession que ce soit, importés en Amérique par des émigrans, sont exempts de tout droit d'importation.

Tout étranger qui vient s'établir dans les Etats-Unis, peut commencer son commerce, ouvrir sa manufacture, se livrer à l'agriculture, ou enfin exercer un état quelconque, dès les premiers jours de son arrivée, sans avoir aucune déclaration, ni même aucune démarche préalable à faire.

Les étrangers, ni leurs propriétés, ne sont donc grévés d'aucune taxe ou imposition additionnelle, et ils jouissent, dès leur arrivée, des mêmes prérogatives et avantages que les citoyens de la République.

Toute juridiction, en matière ecclésiastique, coïncide avec la constitution et les lois du pays, d'une manière si exacte, que toutes les sectes établies dans les Etats-Unis semblent n'en faire qu'une seule.

Quoique presque toutes les sectes du christianisme et les juifs exercent librement leur culte dans la

République Américaine, on ne pourrait citer, depuis la révolution, aucune querelle religieuse. Le système des champards et des dîmes est entièrement inconnu dans les Etats-Unis. Le soutien du clergé, quelle que soit sa dénomination, consiste 1°. en rétributions sur les mariages et les enterremens ; 2°. en quelques rentes fondées par des particuliers ; 3°. en contributions volontaires ; 4°. en droits de présence dans certaines occasions ; 5°. en produits de jardins et terres cédés aux églises ; 6°. en locations de bancs ; 7°. en salaires qu'un grand nombre d'éclésiastiques retirent de leur travail, en qualité de professeurs dans les colléges, universités, écoles et académies, ou bien en qualité de maîtres ou instituteurs particuliers.

On peut dire à l'honneur du clergé américain, que l'éducation de la jeunesse lui est généralement confiée, et qu'il s'en acquitte d'une manière à justifier la confiance qu'il a inspirée.

Les presbytériens et les indépendans, qui sont très-nombreux dans les Etats-Unis, n'ont point d'évèques et ne reconnaissent pas de titre au-dessus de *recteur*, ou ministre de l'évangile.

Les impositions mises sur la classe des pauvres sont extrêmement modiques ; et tout individu à qui son âge permet de se livrer au travail, peut se procurer une existence aisée, sans s'exposer à de grandes fatigues. L'ouvrier qui a quelque talent, peut, en un petit nombre d'années, s'il est économe et sobre, amasser une somme suffisante pour s'établir.

Les chevaux, bêtes à cornes, et autres bestiaux importés dans les Etats-Unis, pour faire des élèves, sont exempts, par une loi expresse, des droits d'importation.

Le taux moyen de la rente des terres en Europe, est plus haut que le taux moyen des acquisitions de terre dans les Etats-Unis ; on compense, dans cette estimation, la valeur des plantations en activité, avec la masse des terres encore incultes.

Les lois et réglemens militaires des Etats-Unis, sont calculés pour maintenir cette stricte discipline, et cette subordination entière qui constitue la force d'une armée, et font la sûreté d'un gouvernement. Tous les officiers de l'armée, soit de terre, soit de mer, sont nommés, aux termes de la constitution, par le président, qui prend l'avis du sénat.

Les Etats-Unis possèdent dans leur intérieur, les manufactures et ateliers propres à la fabrication de tout ce qui tient au service militaire, soit de terre, soit de mer.

Depuis quelque tems, la législature s'est occupée, d'une manière particulière, à créer des institutions propres à améliorer l'éducation de la jeunesse.

On a établi, dans un grand nombre de districts et de villes, des écoles du soir pour les enfans et les jeunes-gens qui sont occupés à travailler tout le jour ; on a même créé , dans quelques endroits, des écoles du dimanche, pour les apprentis des deux sexes, qui n'ont que ce jour de vacance. On a aussi fondé des écoles gratuites dans beaucoup de villes ; et depuis quelques années, l'attention s'est fixée sur l'éducation du sexe.

Les habitans des Etats-Unis sont ingénieux à inventer, prompts et soigneux dans l'exécution des machines et mécaniques propres aux sciences, arts, manufactures, à la navigation et à l'agriculture.

Nous allons citer quelques exemples à l'appui de cette opinion.

Le planétaire de M. Rittenhouse ;

Le conducteur électrique de Franklin ;

L'octan de Godfrey , perfectionné par Hadley ;

La machine de M rs . Fitch et Rumsey ;

Le pendulum et les autres inventions d'horlogerie, de Leslie ;

La construction ingénieuse des vaisseaux de la Nouvelle-Angleterre, et ses nouveaux bateaux destinés à la pêche de la baleine.

Le perfectionnement des machines à farine, et les nouvelles machines propres à faire du fil d'archal ;

La pompe à incendie , de M. Masson ;

La nouvelle horloge de clocher, qui se remonte à l'aide des vents ;

Les cheminées de Franklin ; les poëles de M. Rittenhouse ;

La machine à couper le chanvre, de M. Anderson ; et enfin les ingénieuses machines de physique, de M. Donnaldson.

Il est très-probable que tous les joyaux et diamans dont se parent les habitans des Etats-Unis, leurs épouses et leurs filles, ne formeraient pas une valeur égale à celle de l'écran de quelque riche individu de l'Europe ; par la raison que les Américains ne laissent pas leurs fonds dans l'inaction. Il n'y a pas de classe dans cette République, qui vive sans occupation ; on peut même dire qu'il y a très-peu d'individus qui n'aient pas un métier, un état ou une profession. Tous les citoyens y sont dans une activité continuelle.

Il n'est pas de nation civilisée, possédant d'aussi grandes richesses, où la domesticité soit aussi peu commune que dans les Etats-Unis, sur-tout celle qui tient au luxe et au faste.

L'Amérique libre n'a pas de charmes pour cette partie du genre humain, qui ne songe qu'aux plaisirs et à la dissipation ; mais elle doit être précieuse à tout homme qui trouve sa plus grande jouissance dans ses devoirs, et qui préfère l'aisance, le repos et le bonheur, au tourbillon du grand monde et à la vaine chimère de l'ambition.

C'est un pays où les gens riches peuvent se pro-
mettre des jouissances douces et des plaisirs tran-
quilles, et où les pauvres, honnêtes et laborieux,
peuvent espérer d'être bientôt dans l'aisance ; une
preuve tout-a-fait évidente et agréable à citer, c'est
qu'on trouvera un très-petit nombre de journaliers,
dans la ville et les environs de Philadelphie, parmi
les individus qui appartiennent à la secte des quakers.
Quoique cette société religieuse soit extrêmement
nombreuse, la sobriété, l'industrie et l'économie dont
chaque membre fait profession, mettent bientôt les
pauvres quakers en état de sortir de la misère ; et
les facilités que leur offre le pays, les rendent, en peu
d'années, tout-à-fait indépendans.

Les ouvriers et manufacturiers qui vivent dans la
campagne, résident généralement sur des lots de
terre, ou petites fermes, depuis trois jusqu'à vingt
acres ; et un assez grand nombre sur des plantations, depuis vingt jusqu'à cent cinquante acres,
qu'ils cultivent dans leur tems de loisir, soit par eux-
mêmes, soit par les mains de leurs femmes, de leurs
enfans, de leurs domestiques ou de leurs apprentis ;
il arrive même quelquefois qu'ils prennent des journaliers pour cet objet, ou qu'ils cèdent une partie
du produit à quelque voisin qui se charge de faire
valoir la terre. Cette réunion de manufactures et de
fermes est avantageuse à ceux qui cultivent les grains ;

mais elle l'est bien plus encore pour ceux qui recueillent des fourrages, parce qu'ils ne sont point occupés à la culture, pendant une grande partie de l'année, et qu'ils peuvent se livrer au métier qu'ils ont choisi.

La plupart des planteurs des Etats-Unis forgent et fabriquent chez eux tous leurs instrumens de labour, les ustensiles de ménage, les charrues et voitures; ils bâtissent leurs maisons, leurs granges, tannent eux-mêmes le cuir qu'ils emploient, font leurs souliers, leurs paniers, et la plus grande partie de leurs ameublemens; certains font de la potasse, des clous, des cerceaux, des douves de tonneaux. Il en est qui enseignent à leurs nègres différens métiers, et qui leur donnent même quelqu'instruction.

Un grand nombre des riches manufacturiers des Etats-Unis sont d'anciens ouvriers, ou chefs d'ateliers dans les manufactures de l'Europe, et qui, ayant été laborieux, sobres, économes, ont mis quelqu'argent de côté, et sont venus s'établir en Amérique. Il en est très-peu qui n'ayent réussi. Il est vrai qu'il n'y a pas autant d'avantage pour ceux qui ont été accoutumés à ne travailler que dans les ouvrages de luxe et de faste.

Le produit de cette espèce de travail n'est pas aussi lucratif dans les Etats-Unis d'Amérique, à moins qu'on ne puisse le faire en grand et par des machines mues à l'aide de l'eau : dans ce dernier cas, ils réussiront, s'ils peuvent y employer un capital suffisant.

Quoiqu'il y ait peu de consommation de ces sortes d'objets en Amérique, comme leur exportation est exempte de tout droit, ils pourraient se vendre au-dehors.

Le gouvernement des Etats-Unis a suffisamment prouvé, par sa conduite et par les sacrifices qu'il a faits, que son intention était de maintenir la paix, l'ordre, la liberté et la sûreté publique. Il s'est montré étranger à toute espèce d'intrigues ; il n'a voulu écouter aucune proposition tendante à le faire intervenir dans les affaires des autres nations. Il n'a montré, pendant la guerre qui a occupé toutes les puissances de l'Europe, ni ambition, ni désir de faire des conquêtes.

Enfin, les Etats-Unis n'ont pris rang parmi les nations, que depuis vingt-six ans, et ils jouissent de la situation la plus florissante qu'il soit possible de désirer ; ils ont trouvé le moyen, avec des revenus très-médiocres, d'encourager les arts, de protéger leur commerce, de soutenir leur crédit, de mainte-nir des forces de terre suffisantes pour garantir leur pays de toute attaque, de créer une marine, sinon redoutable, au moins propre à en imposer à la puis-

sance qui les menaçait (1) , et ils se sont , par leur
prudence et la stricte observation des traités , main-
tenus en paix , et dans la plus parfaite neutralité
avec les nations belligérantes.

---

(1) L'armement fait en 1794 et 1795, n'était destiné qu'à
réprimer les pirateries d'Afrique.

ESSAI

Sur les Avantages que la Nature offre aux États-Unis, pour la Navigation intérieure.

ON peut dire, en général, qu'il n'y a pas de partie du monde, aussi bien arrosée par des sources, ruisseaux, rivières, fleuves, lacs et baies, que le territoire des Etats-Unis. Ces nombreux fleuves et amas d'eau partagent cette vaste contrée en îles et presqu'îles, et lui assurent une source de richesses incalculables.

Les Etats-Unis, et même tous les pays de l'Amérique du nord, semblent avoir été formés par la nature, pour l'union la plus intime. Les facilités qu'offre la navigation, rendent la communication entre les ports de la Géorgie et de Newhampshire, infiniment plus expéditive et plus praticable, qu'elle ne l'est en France entre la Provence et la Picardie ; entre Cornewal et Caithness en Angleterre; entre la Gallicie et la Catalogne en Espagne. Les canaux que l'on se propose de creuser à Southkey, la Susquehannah et la Delaware, ouvriront une communication de la Caroline du sud aux contrées ouest de la Pensylvanie er de New-Yorck.

Les travaux que l'on fait au Potomak donneront un passage depuis les Etats méridionaux jusqu'aux parties ouest de la Virginie, du Maryland, de la Pensylvanie, et même jusqu'aux lacs. Depuis le détroit du lac Erié jusqu'à Alexandrie sur le Potomak, ce qui forme une distance de 607 milles, il n'y a que deux portages, qui n'excèdent pas ensemble la distance de 40 milles. Les canaux projetés de la Delaware et de la Chésapeak, ouvriront une communication de la Caroline du sud au Nouveau-Jersey, à l'Etat Delaware, aux parties les plus peuplées de la Pensylvanie, et aux comtés intérieurs de l'Etat d'Yorck. Un calculateur habile et expérimenté pense que ces divers travaux peuvent être effectués pour 200,000 guinées. L'Amérique septentrionale se trouverait alors convertie en un amas d'îles vastes et fertiles, communiquant les unes aux autres, avec facilité et à peu de frais, et la plupart du tems, sans qu'on eût à courir les dangers de la mer.

Il n'y a rien, dans aucune partie du globe, qui ressemble à cette chaîne étonnante de lacs qui se rencontrent dans l'intérieur de l'Amérique. On peut les regarder comme des mers intérieures remplies d'eau fraîche. Ceux qui ne sont pas de la seconde et de la troisième grandeur, sont encore supérieurs aux plus grands lacs du continent oriental. Ce que j'ai vu de plus vrai, et de mieux écrit sur ces lacs, se trouve dans les relations de Carver, qui a voyagé dans toute

l'Amérique

l'Amérique septentrionale. C'est-là que j'ai puisé quelques-unes des descriptions que je vais donner.

Le lac des Bois est ainsi appelé d'une vaste quantité de bois qui croissent sur ses rivages, tels que des chênes, des pins, des sapins, des érables, etc. Ce lac est situé à l'est de l'extrémité méridionale du lac Winnepeck ; et il est regardé comme la source ou le conducteur d'une branche de la rivière Bourbon. Sa longueur de l'est à l'ouest est de 70 milles ; mais sa largeur varie ; en quelques endroits, elle va jusqu'à 40 milles. Les Indiens Killistinoc campent sur ses bords pour y chasser et y pêcher. Ce lac sert de communication entre les lacs Winnepeck et Bourbon, et le lac Supérieur.

Le lac Long, surnommé le lac des Pluies, est situé à l'est du lac des Bois, et a environ 100 milles de longueur ; mais il n'est aucun endroit où il ait plus de 20 milles de largeur. Au côté oriental de ce lac, il s'en trouve quelques petits qui forment un cordon jusqu'au grand portage, et de-là vont rejoindre le lac Supérieur. Entre ces divers petits lacs, se rencontrent plusieurs portages qui rendent le commerce de la partie nord-ouest de l'Amérique difficile et excessivement fatiguant. Il faut deux ans pour aller par eau, de Michillima-Kinac à ces divers endroits.

Le lac Supérieur, autrefois connu sous le nom de lac Elevé, de sa situation nord, a été ainsi appelé, à cause de son étendue : c'est le plus grand de tout

I

le continent. On peut le nommer à juste titre la mer
Caspienne de l'Amérique : on estime que c'est le plus
grand amas d'eau douce qu'il y ait sur le globe. Suivant la carte qu'en ont levé les Français, il a 1,500
milles de circonférence. Carver estime que si l'on
comptait toutes les baies qu'il forme, il passerait
1,600 milles. Une grande partie de la côte est
couverte de rochers et de montagnes. L'eau en
est pure et transparente, et paraît reposer, presque par-tout, sur un lit de rocs vifs. Il n'est peut-être
pas indifférent d'observer que les eaux de ce lac,
quoique très-chaudes pendant les grandes chaleurs
de l'été, sont extrêmement froides à la profondeur
d'environ une *brasse*. L'expérience en a été fréquemment répétée, par le moyen d'un vase qui s'ouvrait et
se fermait à volonté. Cette fraîcheur est si grande, que
lorsqu'on boit de ces eaux, il semble que c'est de la
glace fondue.

La position de ce lac, d'après les meilleures observations, est entre le 46e et le 50e degré de latitude
nord, et entre le 8e et le 9e degré de longitude ouest
de Philadelphie.

Il s'y élève plusieurs îles, dont deux offrent un
espace assez vaste pour y former des établissemens
considérables, si toutefois le terrain est propre à la
culture, comme on le pense. La plus remarquable est
l'île Royale, qui n'a pas moins de 100 milles de longueur, et dans beaucoup d'endroits 40 milles de lar-

geur. Les naturels du pays croient que ces îles sont
là résidence du grand esprit.

Deux grandes rivières viennent se jeter dans ce lac,
l'une au nord, l'autre au nord-est ; la première est
appelée le Nipegon, elle conduit à la nation des
Chipeways, qui résident sur les bords d'un lac de
ce nom ; la deuxième est la rivière Michipicowton,
qui prend sa source vers la baie James, d'où il n'y
a qu'un court portage à une autre rivière qui se vide
dans la même baie.

A peu de distance du Nipegon, se trouve une petite
rivière qui, avant de se perdre dans le lac, fait un saut
perpendiculaire du haut d'une montagne de plus de
500 pieds ; elle est extrêmement étroite, et paraît à
une certaine distance, comme une jarretière blanche
suspendue en l'air. Il y a plus de trente autres rivières qui se jettent dans ce lac ; quelques-unes sont
d'une largeur considérable. A la partie sud, est une
pointe ou un cap remarquable par son étendue ; il
a environ 60 milles de long ; on le nomme la pointe
Chegomegan. A 100 milles de distance de ce cap,
du côté de l'ouest, il y a une rivière immense qui
vient se précipiter dans le lac, et dont la source est
formée par plusieurs ruisseaux. Cette rivière est remarquable par une grande abondance de cuivre *vierge*
qui se trouve sur les deux rives, et même sur les
bords de son lit.

Un grand nombre de petites îles, particulièrement

celles du côté oriental, renferment une quantité prodigieuse de couches de cuivre, qui ont l'apparence
de la couperose. Ce métal pourrait devenir un objet
important de commerce, parce qu'il ne coûte rien
sur le lieu, et qu'il n'exige que peu de dépense pour
le mettre à bord de bateaux ou de canots; et que de-là
on peut le transporter, par les rapides Sainte-Marie,
jusqu'à l'île Joseph, qui est située au fond du détroit,
près de l'entrée du lac Huron; ensuite le faire passer
dans le lac Ontario, d'où il est aisé de le conduire,
par eau, dans la rivière Mohawks, au moyen de
deux portages, l'un de dix toises, et l'autre d'environ
un mille; et de la rivière Mohawks, il arrivera dans
celle d'Hudson, par le moyen d'un portage à Cohoes;
de-là il parviendra facilement à New-Yorck. Le bon
marché, et la facilité avec laquelle on peut se procurer ce minéral, dédommagera amplement de la
distance et des frais de transport.

Ce lac abonde en poissons, particulièrement en
truites et en esturgeons; il y a des truites qui pèsent
depuis 12 jusqu'à 50 liv.; on y en prend dans presque
toutes les saisons de l'année et en très-grande quantité.
Il est aussi sujet aux tempêtes que l'océan Atlantique;
les vagues s'élèvent extrêmement haut, et la navigation y est très-dangereuse. Il vide ses eaux, du côté
sud-est, par le détroit Sainte-Marie, qui a environ
40 milles de longueur. Près de la partie la plus élevée
du détroit, est un rapide; quoique les canots ne

puissent pas le remonter , cependant , quand ils sont conduits par des pilotes habiles ils peuvent le descendre sans danger.

Quoique le lac Supérieur soit fourni par quarante rivières, dont plusieurs sont très-considérables , cependant on ne s'aperçoit pas que la dixième partie des eaux qui y tombent, puisse en sortir par les rapides dont on vient de parler. On ignore encore comment une telle abondance d'eau peut s'écouler. Elle a sans doute un passage au travers de quelques cavités souterraines du lac, trop profondes pour qu'on puisse jamais les découvrir.

L'entrée dans ce lac, par le détroit Sainte-Marie, forme le plus beau coup-d'œil du monde : sur la gauche on découvre une grande quantité de petites îles, qui se prolongent à une grande distance de la vue ; sur la droite se découvre une chaîne de petites langues de terre ou caps qui s'avancent sur l'eau , et contribuent, avec les îles qui les environnent, à rendre ce côté du bassin calme , et à l'abri des vents et des tempêtes, qui troublent fréquemment les autres parties de ce grand lac.

Le lac Huron, dans lequel on entre par le détroit de Sainte-Marie , est le plus grand après le lac Supérieur. Il est situé entre le 42ᵉ. et le 46ᵉ. degré de latit. nord, et entre le 4ᵉ. et le 10ᵉ. degré longitude ouest. Sa forme est à-peu-près celle d'un triangle, et sa circonférence est de 1,000 milles. Sur la côte nord de ce lac, est une île de 100 milles de longueur, et d'environ 8 milles de largeur ; on l'appelle Manataulin, c'est-à-dire place des Esprits ; elle est regardée comme sacrée par les Indiens. Vers le milieu de la partie sud-ouest du lac, se trouve une baie nommée Saganaum, d'environ 80 milles de longueur, sur 18 à 20 milles de largeur.

La baie du Tonnerre, ainsi appelée parce qu'on y entend continuellement gronder la foudre, est située vers le milieu de la baie Saganaum, à l'angle nord-ouest du lac ; elle a environ 9 milles de large.

On y trouve les mêmes espèces de poissons que dans le lac Supérieur. Le promontoire qui sépare ce lac du lac Michigan, est une vaste plaine de plus de 100 milles de long, et de 10 à 15 milles de large. Cette plaine est partagée à-peu-près également entre les Indiens nommés *Ottowans* et les *Chipeways*. A l'angle nord-est, ce lac communique avec le lac Michigan, par le détroit Michillima-Kinac. Une chose remarquable, c'est que, quoiqu'on n'aperçoive ni flux ni reflux dans les eaux de ce détroit, cependant, si on observe avec attention leur état, on y découvre un changement périodique. On a remarqué qu'il s'élevait graduellement, et d'une manière imperceptible, pendant l'espace de sept ans et demi. Il monte jusqu'à trois pieds, et redescend, dans le même nombre d'années, jusqu'à ce qu'il soit rentré dans son lit ; de sorte qu'en quinze ans il opère cette étonnante révolution.

Les Indiens vivent répandus autour de ce lac, principalement sur les bords de la baie de Saganaum. On trouve sur le rivage une énorme quantité de sable rouge.

Vers le milieu de la distance qui sépare le lac Huron du lac Erié, se trouve le lac Saint-Clair, qui a environ 90 milles de circonférence. Il reçoit les eaux de trois lacs, du lac Supérieur, du lac Michigan et de celui des Hurons, et va se décharger, par le détroit surnommé le détroit des Français, dans le lac Erié. Ce lac est d'une forme circulaire, et navigable pour les grands vaisseaux, si ce n'est un banc de sable qui se trouve vers le milieu, et qui empêche les vaisseaux chargés de passer. On est obligé de décharger une partie de la cargaison, et de la transporter dans des chaloupes au-delà de la barre ; ensuite on la remet dans le navire. La ville du Détroit est située sur le côté ouest de la rivière du même nom, à environ 9 milles au-dessous du lac Saint-Clair.

Le lac Erié est situé entre le 41e et le 43e degré de lat. nord, et entre le 3e et le 8e degré de long. ouest. Il a environ 300 milles de long, de l'est à l'ouest, et 40 milles dans sa plus grande largeur. Le côté du nord offre une pointe de terre qui s'avance vers le sud-ouest, à une distance de plusieurs

I 4

milles. Les îles et les rivages de ce lac, vers la partie ouest, sont tellement infectés de serpens à sonnettes, que l'abord en est extrêmement dangereux. Le lac est couvert, près du rivage, de nombreux arbrisseaux sauvages. Les feuilles qui en tombent couvrent la surface de l'eau à plusieurs acres de distance ; on voit sur ce lit de feuilles, des milliers de serpens à sonnettes, qui, pendant le jour, viennent se chauffer aux rayons du soleil. De tous les serpens venimeux qui infectent ce lac, le plus remarquable, c'est le siffleur. Il a environ dix-huit pouces de long ; il est mince et marqueté. Quand on l'approche, il s'applatit aussitôt, et ses taches, qui sont de diverses couleurs, deviennent plus brillantes lorsqu'il est en colère ; en même-tems, il souffle, avec une grande force, un vent subtil, que l'on dit avoir une odeur infecte ; si le voyageur, par mégarde, le respire, il en meurt en peu de mois. On n'a point encore trouvé de remède contre ce poison dangereux. Ce lac est d'une navigation plus périlleuse qu'aucun autre, à cause des rochers escarpés qui se rencontrent a milieu de l'eau, et qui n'offrent aucun asile dans la tempête. Il communique, à l'extrémité nord-est, avec le lac Ontario, par la rivière Niagara, qui coule du sud au nord, l'espace d'environ 30 milles. On trouve à l'entrée de cette rivière, sur le côté oriental, le fort Niagara, qui était encore, 14 ans après le traité de 1783, en la possession des Anglais, ainsi que la plus grande partie des postes du nord-ouest (1). A environ 18 milles nord de ce fort, se trouve une cataracte remarquable, qui est regardée comme une des plus grandes curiosités du monde. Les eaux qui forment la rivière Niagara ont un cours de près de 2,000 milles, et, passant au travers les lacs Supérieurs, Huron et Erié, elles reçoivent, dans cet espace, des accroissemens continuels ; enfin, parvenues à un volume considérable, elles tombent avec un fracas effrayant, de la hauteur de 160 pieds perpendiculaires, dans un rapide qui s'étend à 8 ou 9 milles de distance ; et à 9 milles plus bas, la rivière se perd dans le lac Ontario. Le bruit de cette cataracte, appelée le saut de Niagara, peut être entendu, dans un beau tems et un vent frais, de 40 à 50 milles (2). Quand l'eau tombe sur le roc, elle jaillit à une grande hauteur dans l'air, et occasionne un nuage épais de vapeurs, sur lequel le soleil, lorsqu'il n'est pas intercepté, décrit un magnifique arc-en-ciel.

Le lac Ontario est situé entre le 43e et le 45e degré de lat., et entre le 1er. et le 4e de long. ouest. Il forme un ovale assez régulier. Sa plus grande longueur est du

(1) Ils ont été remis depuis aux Américains, conformément au nouveau traité de 1795.

(2) Voyez la belle description qu'en a faite le Cⁿ. Crevecœur, dans son dernier ouvrage.

sud-ouest au nord-est. Il a environ 600 milles de circonférence. Il abonde en excellens poissons, parmi
lesquels on compte *le bass*, qui pèse jusqu'à trois ou
quatre livres. Près de la partie sud-est, il reçoit les
eaux de la rivière Oswego, et au nord-est il se dé-
charge dans la rivière Cataraqui, ou, comme on
l'appelle plus ordinairement aujourd'hui, la rivière
des Iroquois. Cette rivière prend à Montréal le nom
de Saint-Laurent, et, passant par Quebec, se vide
dans le golfe qui porte son nom,

Le plus grand, après le lac Ontario, c'est le lac
Champlain ; il est situé presqu'à l'est du premier, sé-
parant l'Etat de Vermont de l'Etat d'Yorck. Il a en-
ron 80 milles de long du nord au sud, mais sa plus
grande largeur ne passe pas 14 milles. Il est bien
fourni de poisson ; les terres qui l'entourent, jusque
sur ses bords, sont d'une qualité supérieure. Crown-
Pointe et Ticonderoga sont situés sur le bord de ce
mêm lac, vers la partie sud.

Le lac Georges est au sud-ouest du lac Champlain ;
il n'a guère que 35 milles du nord-est au sud-ouest,
et il est très-étroit. Le pays circonvoisin est monta-
gneux ; mais les vallées sont assez fertiles.

Le Mississipi est un grand réservoir des eaux de
l'Ohio, de la rivière des Illinois, ainsi que du Missouri et des autres rivières de l'ouest qui viennent
s'y perdre. Ces divers courans, réunis en un seul
fleuve, passent majestueusement au travers d'im-

menses forêts et de magnifiques prairies, et vont se perdre dans le golfe du Mexique.

Si l'on veut voir une belle description de cette rivière, il faut lire celle qu'en a donnée M. Hutchings, géographe des Etats-Unis d'Amérique.

La grande longueur et la profondeur peu communes de cette rivière, ainsi que le limon extraordinaire, et la salubrité de ses eaux, après leur jonction avec celles du Missouri, sont des faits bien dignes de l'attention des naturalistes.

La direction du canal est si tortueuse, que de là Nouvelle-Orléans à l'embouchure de l'Ohio, distance qui n'excède pas 460 milles en droite ligne, il y a environ 850 milles par eau. On pourrait la raccourcir d'environ 250 milles, en coupant huit ou dix langues de terre, dont quelques-unes n'ont pas plus de 70 pieds de large.

Charlevoix raconte que dans l'année 1722, la rivière fesait un grand détour, à un endroit qu'on appelle aujourd'hui Pointe - Coupée. Quelques Canadiens imaginèrent de creuser le lit d'un petit ruisseau, et y firent ainsi couler les eaux de la rivière. La force du courant fut si violente, et le terrain était si mou et si gras, qu'en peu de tems la pointe fut entièrement enlevée, et que les voyageurs s'épargnèrent par-là quatorze lieues de circuit. L'ancien lit n'a plus d'eau, excepté aux époques périodiques des débordemens. Depuis, on a sondé le nouveau canal, avec une ligne de trente brasses, et l'on n'a pu en trouver le fond.

Dans le printems, les inondations du Mississipi s'élèvent si haut, et le courant est si fort, qu'on ne peut le remonter qu'avec une extrême difficulté. Mais ce désavantage est compensé par des reflux ou contre-courans, qui, remontant le long des bords de la rivière, à-peu-près avec la même force que le courant du milieu descend, facilitent beaucoup les canots. Le courant, dans cette saison, descend sur le pied de 5 milles par heure : vers l'automne, où les eaux sont basses, il ne va pas à plus de 2 milles ; mais il est très-rapide dans toutes les parties de la rivière, où il y a des amas d'îles, des bancs de sable ou des rocs. L'étendue de ces rocs étant quelquefois de plusieurs milles, les voyages d'automne sont généralement plus longs et plus dangereux qu'au printems.

Les marchandises nécessaires pour le commerce des établissemens reculés près le Mississipi se transportent au printems et à l'automne, sur des bateaux, que dix-huit ou vingt hommes font remonter à force de rames ; ils contiennent environ 40 tonneaux.

De la Nouvelle-Orléans à la rivière des Illinois, le voyage se fait ordinairement en huit ou dix semaines ; cette immense rivière se trouve entre-coupée par un très-grand nombre d'îles, dont quelques-unes sont d'une grande étendue. Sa profondeur croît à mesure

qu'on la remonte. Ses eaux, après avoir submergé
ses bords au - dessous de la rivière d'Iberville, ne
rentrent plus dans leur lit : ces singularités la dis-
tinguent des autres rivières connues dans le monde.

Au - dessous de la Nouvelle - Orléans, les terres
commencent à être plus basses des deux côtés de la
rivière; et dans toute cette partie, le terrain s'applatit
sensiblement jusqu'à la mer. Cet espace de terre,
qui fut par erreur compris sous le nom d'île, dans
le traité de 1762, n'est sans doute sorti des eaux
que depuis peu de tems : car, il ne faut pas creuser
bien avant pour trouver l'eau, et beaucoup d'arbres
enterrés.

Il est certain que lorsque Lasalle descendit le
Mississipi jusqu'à la mer, l'embouchure de ce fleuve
était bien différente de ce qu'elle est aujourd'hui ; on
a remarqué même que cette embouchure changeait
de place. Plus on approche de la mer, plus cette vérité devient frappante. Les barres qui traversent la plupart de ces petits canaux ouverts par les courans, se
sont multipliées par le moyen des arbres qu'entraînent
ces torrens; qu'un seul soit arrêté par ses racines ou
ses branches dans un endroit étroit, c'est suffisant
pour obstruer le passage, et pour élever une espèce
de digue en ce lieu là. On voit tous les jours des amas
d'arbres si énormes entre la Balize et le Missouri,
qu'ils suffiraient pour fournir de bois une grande ville
d'Amérique, pendant plusieurs années. Aucune force

humaine ne saurait les enlever ; ils se trouvent joints et cimentés ensemble par la boue et le gravier que les eaux roulent avec elles. Ils se couvrent graduellement ; et chaque inondation, non-seulement les étend en longueur et en largeur, mais elle les augmente en hauteur. Dans un espace de dix ans, il croît dessus des plantes et des arbrisseaux, et il se forme une île qui nécessairement détourne le cours de la rivière,

On ne peut rien dire de certain sur sa longueur. On ne sait point encore où il prend sa source ; mais on pense qu'elle est à plus de 3,000 milles de la mer, en suivant le cours de la rivière : on sait seulement, que depuis Chaten , nommée Saint-Antoine, il coule tranquillement , et que ses eaux sont claires et pures jusque-là ; mais qu'à l'endroit où le Missouri vient s'y jeter , il devient bourbeux, et que ses eaux changent de couleur jusqu'à la mer. Sa rapidité alors , sa largeur et l'augmentation de ses eaux, lui donnent l'apparence majestueuse du Missouri. Celui-ci offre une navigation plus étendue ; il est plus long , plus large et plus profond que le Mississipi. C'est en effet la rivière principale , et elle fournit plus d'eau au courant que le Mississipi , même après que la rivière des Illinois est venue s'y perdre. Des négocians français l'ont remontée l'espace d'environ 12 à 1,300 milles , et ils ont jugé par la profondeur de l'eau et la largeur de la rivière à l'endroit où ils étaient, qu'elle devait être navigable encore bien plus haut.

Depuis la rivière Missouri , jusqu'à-peu-prés à la rivière de l'Ohio , la rive ouest du Mississipi est plus élevée que celle de l'est, excepté en quelques endroits. De la Mine-au-Fer, jusqu'à Iberville , la rive orientale est plus haute que l'occidentale , sur laquelle on ne voit-pas la moindre éminence, pendant l'espace de 750 milles. Depuis Iberville , jusqu'à la mer , il n'y a pas le moindre monticule d'aucun côté , quoique la rive orientale paraisse plus élevée ; mais ensuite les rivages diminuent graduellement en hauteur, jusqu'à l'embouchure de la rivière, où ils ne sont que de deux ou trois pieds plus hauts que la surface commune de l'eau.

Le limon que le débordement du Mississipi laisse sur les surfaces adjacentes du rivage , peut se comparer à celui du Nil ; il dépose un engrais semblable à celui qui , depuis des siècles, occasionne la fertilité de l'Eyypte.

. Quand ces bords seront cultivés , comme l'excellence du sol et la température du climat le demandent , la population de ces endroits-là sera aussi considérable que dans aucune autre partie du monde.

Le commerce , les richesses et la puissance de l'Amérique., tireront leur source un jour, et peut-être se trouveront , en grande partie, sur les bords du Mississipi. Il ressemble encore au Nil , par le grand nombre de ses embouchures ; toutes aboutissent à une mer que l'on peut comparer à la Méditerranée, qui est bornée au nord et au sud par les deux continens d'Europe et d'Afrique, comme la baie du Mexique l'est par l'Amérique du nord et celle du sud. Les petites embouchures peuvent être aisément fermées, par le moyen des arbres flottans qui couvrent continuellement le fleuve pendant son débordement. Toute l'eau se réunissant alors dans un seul canal, elle deviendrait assez forte et assez profonde, même à la barre, pour y laisser passer des navires chargés.

M. Carver, qui a remonté ce fleuve, m'a paru en mieux connaître les parties nord et la source, qu'aucun autre voyageur américain ou européen, qui en ait parlé. C'est lui qui sera mon autorité dans ce que je vais dire.

Le saut de Saint-Antoine, situé au 44e degré 30 minutes, fut nommé ainsi par le Père Louis Hennipin, missionnaire français, qui voyagea dans ces parages vers l'an 1680; c'est le premier Européen que virent les naturels du pays. Toute la rivière, qui a environ 600 pieds de large, tombe perpendiculairement de 30 pieds de haut, et forme la plus belle cascade qu'il soit possible d'imaginer. Le rapide d'en-bas, qui a environ 900 pieds d'espace, rend la descente bien plus forte; de sorte que, lorsqu'on la considère d'une certaine distance, il paraît beaucoup plus haut qu'il n'est réellement.

Au milieu du saut, est une petite île d'environ 40 pieds de large, et d'à-peu-près la même longueur,

sur

sur laquelle il croît de la ciguë, des bouleaux, et un grand nombre d'arbrisseaux; vers le milieu de l'espace, entre l'île et le rivage de l'est, se trouve un rocher, situé au sommet de la cataracte, dans une position oblique, ayant environ 5 à 6 pieds de largeur et 30 à 40 de longueur. Cette chute n'est point entourée de montagnes, ni environnée de précipices, comme le sont la plupart des autres sauts connus dans le monde. Le pays environnant est extrêmement beau. Ce ne sont point de ces vastes plaines où l'œil ne trouve pas à se reposer, mais ce sont des monticules et des vallons couverts d'une verdure très-variée pendant le printems et l'été. Des touffes de bois semées çà et là rendent cette vue délicieuse.

Un peu au-dessus des chutes, se trouve une petite île d'environ une acre et demie de circonférence, sur laquelle croissent un très-grand nombre de hauts chênes, dont presque toutes les branches, capables de supporter un poids, sont chargées, dans la saison, de nids d'aigles. L'instinct de ces animaux leur enseigne de choisir ce lieu, qui, par sa position au milieu du rapide, les met à l'abri des poursuites des hommes et des attaques des bêtes.

Le Mississipi n'a jamais été visité plus haut que la rivière Saint-François; de sorte que nous sommes redevables aux Indiens de ce que nous savons sur les parties nord de ce fleuve.

M. Carver rapporte, d'après ce qu'il a pu recueillir

K

de plus certain, tant des Indiens que de ses propres observations, que les quatre principaux fleuves du continent de l'Amérique septentrionale, savoir : le fleuve St.-Laurent, le Mississipi, le Bourbon, l'Oregon, ou le fleuve de l'ouest, avaient tous leur source dans le même voisinage. Les sources des trois premiers sont à 30 milles de distance les unes des autres; celle du dernier est un peu plus éloignée vers le couchant.

Il faut que ce soit-là les terres les plus élevées de l'Amérique septentrionale. C'est une singularité qui n'a pas d'exemple dans les autres parties du globe, que quatre fleuves immenses prennent leur source à-peu-près dans le même endroit, et qu'ayant un cours très - éloigné les uns des autres, ils aillent décharger leurs eaux dans différentes mers, à la distance de plus de 2,000 milles de leur source,

M. Jefferson, que ses recherches et ses connaissances étendues ont placé au rang des meilleures autorités, nous a donné, dans ses notes sur la Virginie, une description de la rivière de l'Ohio, et a ajouté des remarques sur la situation des eaux de l'ouest de l'Amérique, qui jeteront un grand jour sur ce sujet intéressant : c'est pourquoi nous avons cru devoir nous en servir.

Ces nouvelles observations, jointes à celles que nous venons de donner, complèteront ce que nous avons à dire sur la navigation intérieure des Etats-Unis d'Amérique.

L'Ohio est la plus belle rivière de la terre : elle a

un courant doux et paisible, les eaux en sont claires, et le fond n'est pas rempli de rochers ; on n'y trouve pas de rapides, excepté dans un seul endroit. Elle a environ un quart de mille de largeur au fort Pitt ; 1,500 pieds à l'embouchure du grand Canawa, et 5,500 à Louisville ; un quart de mille aux rapides ; 3 ou 4 milles au-dessous de Louisville ; un demi-mille où le pays plat commence, c'est-à-dire, au-dessus de la rivière Verte ; un mille et un quart où elle reçoit le Tenessé, et un mille à son embouchure.

Le capitaine Hutchins a mesuré l'Ohio suivant tous ses détours, et en voici la longueur exacte.

COURS DE L'OHIO.

	milles.		milles.
Du fort Pitt à Logtown.	18 1/2	Ci-contre . . .	390
A l'anse du Grand-Castor.	10 3/4	Au Petit-Miami	126 1/4
		Licking-Creek	8
A l'anse du Petit-Castor.	13 1/2	Grand-Miami	26 3/4
A l'anse Jaune.	11 3/4	Bigbones (gros os). . .	32 1/2
Aux Deux-Anses. . . .	21 3/4	Kentukey	44 1/4
Long-Reach	53 3/4	Rapides	77 1/4
A l'extrémité de Long-Reach.	16 1/2	Pays plat (low). . . .	155 3/4
		Buffalo (la rivière) . .	64 1/2
Muskingum	25 1/2	Wabasch.	97 1/4
Petit-Canawa.	12 1/4	Big-Cave.	42 3/4
Hockhocking	16	La rivière Shawanée. .	52 1/2
Grand-Canawa. . . .	82 1/2	La rivière Chrorkee . .	13
Guiandot	43 3/4	Massac.	11
Creek Sablonneux . . .	14 1/2	Mississipi	46
Sioto.	48 3/4		
	590	TOTAL.	1188

Dans les crues ordinaires d'hiver et de printems, on trouve 15 pieds d'eau jusqu'à Louisville, 10 pieds

K 2

de-là jusqu'aux rapides la Tarte, qui so.. à 40 milles au-dessus de l'embouchure du Grand Kanawa, et une quantité suffisante, dans tous les tems, pour la navigation des bateaux plats et des canots, jusqu'au fort Pitt. Les rapides sont au 38e degré 8 minutes de latitude.

Les inondations de cette rivière commencent à la fin de mars, et durent encore en juillet.

Pendant ce tems-là, un vaisseau de ligne du premier rang pourrait descendre de Louisville à la Nouvelle-Orléans, si les détours multipliés de la rivière, et la force des courans, ne s'opposaient aux manœuvres. Les rapides à Louisville descendent d'environ 30 pieds, pendant l'espace d'un mille et demi. Le lit de la rivière est, en cet endroit, un roc solide, et se trouve divisé, par une île, en deux branches ; celle du sud est de 500 pieds de large ; elle reste à sec pendant quatre mois de l'année.

Le lit de la branche du nord est devenu un canal assez creux, par le frottement continuel des eaux, et des morceaux de roc que les courans emportent ; de sorte que les bateaux peuvent y passer pendant la plus grande partie de l'année. Cependant, on estime qu'il ne serait pas difficile, ni coûteux, de disposer la branche du sud, de manière à ce qu'on put y naviguer pendant toute l'année. L'élévation des eaux, dans ces rapides, n'excède jamais 10 ou 12 pieds. Un côté de cette île est si haut, qu'il n'est jamais inondé. Cette partie domine sur l'établissement de Louisville, qui est vis-à-vis. Le fort cependant est situé au commencement des chutes. Le terrain, dans la partie sud, s'élève graduellement.

Au fort Pitt, la rivière de l'Ohio perd son nom, en se jetant dans la Mononhagahela et l'Allégany.

La Mononhagahela a 1,200 pieds de largeur à son embouchure. De-là il y a 12 ou 15 milles jusqu'à l'embouchure de l'Yohoganie, où elle a environ 900 pieds de large. De-là à Redstone, il y a 50 milles par eau, et 30 par terre ; ensuite, jusqu'à l'embouchure de la rivière Cheat, il y a 40 milles par eau, et 28 par terre. Sa largeur est toujours de 900 pieds, et la navigation est bonne pour des bateaux. Ensuite elle commence à diminuer, et n'a plus que 400 pieds aux fourches de l'ouest, c'est-à-dire 50 milles plus haut ; la navigation est fréquemment interrompue par des rapides, qui cependant deviennent praticables pour des bateaux légers, quand il y a une crue d'eau de 2 ou 3 pieds. Alors les bateaux remontent la rivière, excepté dans la saison de la sécheresse, à plus de 65 milles plus haut, jusqu'à la vallée de Tygarts. Il se rencontre-là des sauts d'un pied ou deux perpendiculaires, et sa largeur diminue de 50 pieds,

Les fourches de l'ouest sont navigables en hiver, à 10 ou 15 milles au nord du Petit-Canawa. Il y a sur le bord une excellente route pour les chariots. La Yohoganie est la plus forte branche de cette rivière.

K 3

Elle passe au travers de la montagne des Lauriers , à environ 3o milles de son embouchure ; elle varie, à cette distance , de 6oo à 2oo pieds de largeur , et sa navigation est fort gênée dans l'été , par des rapides et des rochers. Dans son passage à travers la montagne des Lauriers , elle fait un grand saut , n'étant plus navigable pendant l'espace de 1o milles jusqu'au Pied-d'Oiseau. De-là au grand Travers, elle redevient navigable pendant 2o milles , excepté dans l'été ; elle a , en cet endroit , environ 5oo pieds de largeur.

La source de cette rivière n'est séparée de celle du Potomak que par les montagnes des Alléganies. C'est au pied de celles-ci que commence la navigation du Potomak ; il y a 4o milles d'une route toute montagneuse. Le Creek Will , à l'embouchure duquel est le fort Cumberland , est de 1oo à 15o pieds de largeur; mais il n'est pas encore navigable.

La rivière Cheat , branche considérable de la Mononhagahela, a 5oo pieds de largeur à son embouchure , et 25o à l'établissement Dunkard , 5o milles plus haut. Elle est navigable pour les bateaux , excepté dans les tems de sécheresse. Les limites qui séparent la Virginie de la Pensylvanie traversent cette rivière à 3 ou 4 milles de son embouchure.

La rivière Allégany , lorsqu'il y a une légère crue , offre une navigation sûre pour les bateaux , jusqu'à Vénango , à l'embouchure du Creek-Français , où elle a 4oo pieds de largeur ; on avance même jusqu'à Lebœuf, d'où il y a un portage de 15 milles jusqu'à la presqu'île, sur le lac Erié.

Les contrées arrosées par le Mississipi, et ses branches orientales, forment les 5 huitièmes des Etats-Unis d'Amérique ; deux de ces 5 huitièmes sont arrosés par l'Ohio et les divers bras qu'il y forme ; les trois autres huitièmes sont baignés par le fleuve Mississipi lui-même, qui va se perdre après dans le golfe du Mexique.

Avant de quitter les rivières qui arrosent les parties ouest de l'Amérique septentrionale, nous allons jeter un coup-d'œil rapide sur leurs principales jonctions avec l'Océan atlantique. Il y en a trois, qui sont la rivière Hudson, le Potomak et le Mississipi. Les denrées et toutes les marchandises d'un grand poids peuvent descendre par ce dernier fleuve. Mais la navigation du golfe du Mexique est si dangereuse, et celle de la partie supérieure du Mississipi si difficile et si fatigante, qu'il est probable que les marchandises d'Europe ne remonteront point par ce canal. Il est à présumer que la farine, le bois de construction, et les autres articles lourds seront envoyés sur des espèces de trains ou radeaux, qui deviendront eux-mêmes des marchandises aussi bien que leur charge, et que les conducteurs s'en retourneront par terre ou sur de légers bateaux. Il y aura donc rivalité entre la rivière d'Hudson et le Potomak, pour le transport des objets de commerce, qui seront demandés ou envoyés dans les contrées de l'ouest du lac Erié; et pour les denrées que l'on transportera sur les eaux du lac, ou sur l'Ohio, ou vers les parties supérieures du Mississipi.

Pour aller à New-Yorck, il faut transporter sur le lac Erié tous les objets de commerce qui viennent des eaux supérieures ; c'est-à-dire des lacs ou des rivières les plus occidentales du continent.

Entre le lac Supérieur et le lac Huron, se trouvent les rapides Sainte-Marie, qui sont bien navigables pour les bateaux, mais non pas pour les grands vaisseaux.

Les lacs Huron et Michigan offrent une communication facile avec le lac Erié, pour les vaisseaux qui ne tirent pas plus de huit pieds d'eau. Il faut donc que les objets de commerce qui viennent par les eaux du Mississipi passent par quelques portages, pour se trouver dans les autres lacs dont nous venons de parler. Le portage de la rivière des Illinois, dans les eaux du Michigan, n'est que d'un mille. Des rivières Wabash, Miami, Muskingum, Allégany, il se trouve des portages pour parvenir aux eaux du lac Erié, depuis un jusqu'à 15 milles. Quand les denrées ont une fois traversé le lac Erié, il se trouve entre ce lac et le lac Ontario, une interruption occasionnée par la chute du Niagara, qui forme un portage de 8 milles ; et entre le lac Ontario et la rivière Hudson, il se trouve un portage formé par les sauts d'Onondago , un peu au-dessus d'Osewego ; il est d'un quart de mille. De l'anse des Bois à la rivière Mohawks , il y en a un de 2 milles. Au petit saut de la rivière Mohawks, il s'en trouve un d'un demi-mille ; de Senactadey à Albanie, un autre de 16 milles. Outre l'augmentation de dépense que nécessite le changement de voiture, on court encore le danger du dégât et du pillage , en livrant ainsi ses marchandises à tant de mains différentes.

Quant au commerce venant de l'Ohio, ou celui que l'on peut faire par ses eaux et celles du Mississipi , il est plus facile, et la distance est bien moins longue par le Potomak , pour atteindre Alexandrie , chef-lieu ou dépôt du côté du sud, qu'elle ne l'est jusqu'à New-Yorck, qui a un port considérable d'exportation pour la partie nord : la différence est de 580 milles. Et la route n'est interrompue que par un seul portage.

Il y a encore une autre circonstance par laquelle ces deux routes diffèrent : les lacs ne gèlent jamais en entier ; mais les communications entre ces lacs gèlent ; et la rivière Hudson est souvent fermée par la glace, pendant trois mois de l'année ; tandis que les rivières qui conduisent directement à la baie de Chesapeak, se trouvent dans un climat plus chaud. Les parties sud de ces rivières ne gèlent presque jamais ; et quand celles du nord viennent à prendre , elles sont si voisines des sources , que les crues fréquentes, auxquelles elles sont sujettes, rompent immédiatement la glace ; de sorte que les vaisseaux peuvent passer pendant tout l'hiver, et ne sont sujets qu'à éprouver des retards d'une très-courte durée. ' Ajoutez à cela, que dans un tems de guerre avec nos voisins les Anglais ou les Indiens, la route des fleuves à New-Yorck devient frontière, presque dans toute sa longueur ; et qu'alors il faut cesser tout commerce. Mais la navigation par New-Yorck est déjà en vigueur, au-lieu que pour prendre par l'Ohio et le Potomak, il faudrait éclaircir la route, et rendre ce fleuve (1) navigable dans toute sa longueur.

Les côtes des Etats-Unis sont ouvertes par un grand nombre de baies, dont quelques-unes sont aussi larges et aussi profondes, qu'aucune de celles des trois autres parties du globe. En commençant par la partie nord-est du continent, et s'avançant par le sud-ouest, on trouve la baie ou le golfe Saint-Laurent, qui reçoit les eaux de la rivière du même nom.

Ensuite vient la baie Chebukto, dans la Nouvelle-Ecosse, fameuse par la perte d'une flotte française, qui eut lieu dans la première guerre américaine, entre la France et la Grande-Bretagne.

La baie de Fondi, située entre la Nouvelle-Ecosse

(1) On y travaille depuis long-tems, avec une grande activité, et l'ouvrage est presque terminé.

et la Nouvelle-Angleterre, est remarquable par ses marées, qui s'élèvent à la hauteur de 50 ou 60 pieds, et montent si rapidement qu'elles enlèvent les animaux qui paissent sur le rivage.

Les larges baies du Penobscot et de Casco sont situées sur les côtes de la province du Maine.

La baie de Massachussets s'étend à l'est de Boston, et est comprise entre le cap Anne au nord, et le cap Cod au sud. Les pointes du hâvre sont Nahant et Alderton.

En passant devant Narraganset et les autres baies qui sont à l'entrée de l'Etat de Rhode-Island, on entre dans le Sund ; c'est une espèce de mer entre des terres, qui a depuis 3 jusqu'à 25 milles de largeur, elle a environ 140 milles de longueur, et s'étendant tout le long de l'île, la sépare du Connecticut. Elle communique avec l'Océan, aux deux extrémités de Long - Island, et offre une navigation intérieure très-sûre et très-commode.

Le célèbre détroit appelé *la Porte-d'Enfer*, près de l'extrémité ouest du Sund, est environ à 8 milles à l'est de New-Yorck ; il est remarquable par ces tournoiemens, qui font un bruit épouvantable à certains tems de la marée. Ils sont occasionnés par le rétrécissement du passage et par sa forme tortueuse. Il y a au fond du détroit une couche de rochers qui le traverse en entier ; mais ce n'est pas, comme on l'avait d'abord pensé, la rencontre du flux de l'est avec celui de l'ouest : car leur rencontre se fait à la pointe du Crapaud, quelques milles plus haut. Un habile pilote peut, en tout tems, conduire par ce détroit un vaisseau, de quelque grandeur qu'il soit, à la marée montante, ou même dans un autre tems, à l'aide seulement d'un bon vent.

Ensuite vient la baie de la Delaware. Cette baie a environ 60 milles de long, depuis le cap jusqu'à l'entrée de la rivière du même nom, à Bombay Hook ; et elle est si large dans quelques endroits, qu'un vaisseau qui est au milieu, ne peut être aperçu du rivage. Son embouchure, dans l'Océan atlantique, est nord-ouest et sud-est ; elle est située entre le cap Henlopen a droite, et le cap May sur la gauche. Ces caps sont à 18 milles de distance l'un de l'autre.

En avançant vers le sud se trouve la baie de Chesapeak. Cette baie est une des plus grandes du monde. Son entrée, entre le cap Charles et le cap Henri dans la Virginie, a 12 milles de large et 270 milles de profondeur ; c'est elle qui sépare la Virginie du Mariland. Elle a depuis 7 jusqu'à 18 milles de largeur ; elle est généralement de neuf brasses de profondeur, offrant une grande quantité de hâvres commodes, et une navigation sûre et facile. Elle reçoit les eaux de la Susquehannah, du Potomak, du Rappahanok, des rivières James et York, qui sont toutes larges et navigables. C'est cette baie et le fleuve du Potomak qui séparent la Virginie du Mariland.

EXTRAIT ANALYTIQUE

Des Observations (1) *de sir John Sinclair, sur la nature et les principes des recherches statistiques* (2).

D<small>AN</small>s leur origine, les lois n'ont probablement été faites que pour une fort petite étendue de pays, et étaient adaptées aux mœurs simples d'un nombre déterminé d'habitans. Pour les créer, il ne fallait donc ni une grande expérience, ni des recherches considérables.

---

(1) Depuis que cet ouvrage est sous presse, il m'est tombé entre les mains une excellente brochure imprimée à Londres, et qui mérite d'être connue à Paris. Elle contient l'esprit qui a dirigé M. Sinclair, dans les recherches statistiques qu'il a publiées en 25 volumes, sur l'Ecosse.

J'ai pensé que le lecteur me saurait gré de lui donner un extrait analytique de ces observations, dans un livre élémentaire qui doit indiquer les différentes méthodes qu'on peut suivre dans l'étude de cette science, suivant les diverses branches que l'on en veut cultiver.

(2) Le mot statistique peut signifier recherches sur l'état général d'un pays, ou recherches en matières politiques ; c'est d'après la première acception de ce mot, que l'auteur a dirigé ses recherches, et c'est suivant la seconde, que William Playfair a considéré la situation de l'Europe.

Mais à mesure que les nations sé sont agrandies, leur nombre et leurs richesses ont augmenté, leur territoire s'est étendu. Il en est résulté que le code de lois, qui suffisait à une tribu peu nombreues, dispersée sur une surface peu considérable, et qui conservait toute la simplicité des premiers tems, ne pouvait convenir à une grande nation, qui couvre de vastes pays, qui connaît tous les genres de luxe et les jouissances les plus raffinées ; et qui, par ses relations, tant commerciales que politiques, embrasse tout le globe.

Aussi, plus une nation devient nombreuse, et plus elle approche de cet état de société qu'on peut appeler *état factice* : de nouvelles idées se forment, puis de nouvelles manières et de nouveaux besoins ; on découvre d'autres professions, on rencontre de nouvelles difficultés à se procurer des moyens extraordinaires d'occupation et de subsistance ; et si des réglemens sages n'arrêtent ce torrent d'innovation, qu'elles peuvent en devenir les conséquences ? Qu'une classe d'hommes jouira seule de tous les avantages de la société politique, tandis que toutes les autres, beaucoup plus nombreuses, s'engloutiront dans un abîme de maux et de calamités. Mais pourquoi la société ne continuerait-elle pas ses progrès, en cherchant toujours à se rapprocher de la perfection ? Pourquoi, dans tous les Etats politiques, ne verrait-on pas, parmi un grand nombre d'individus,

s'accroître les plaisirs et les jouissances ? A quoi ser-
viraient l'avancement de la civilisation, l'augmentation de la sagesse, les progrès des lumières, et
l'expérience de plusieurs siècles, s'ils ne devaient
fournir les moyens d'étendre le bonheur, et de multiplier le nombre de ceux qui jouissent des avantages
de la société politique : avantages qu'on peut appeler
avec enthousiasme, *le bonheur de la vie humaine.*

Ces réflexions mènent l'auteur à considérer,
1°. la nature de ces avantages ou de ce bonheur, auquel tous les membres d'une société politique ont
un droit incontestable ; et 2°. quel sont les moyens
les plus propres à employer, pour l'obtenir plus
généralement.

PREMIÈRES SOURCES DU BONHEUR.

Toutes les actions de la vie peuvent se réduire à
trois fins principales :

Ière. Les jouissances naturelles ou personnelles ;
IIème. Les douceurs de la société ;
IIIème. Les plaisirs de l'esprit.

Autrement, on peut considérer l'homme comme un
simple animal, ou comme un être formé pour la société de ses semblables, et doué de raison.

Iᵉʳᵉ. JOUISSANCES NATURELLES.

Comme simple animal, l'homme a besoin , 1º. de nourriture ; 2º. de vêtemens , et 3º. d'habitation.

Dans une communauté bien organisée , rien ne devrait empêcher tout individu laborieux , de se procurer, par son travail , ces trois besoins nécessaires et indispensables pour une existence agréable.

1º. *Nourriture.* Il est inutile de s'étendre au long sur la nécessité de prendre de la nourriture ; pour réparer la perte continuelle qui se fait dans la machine , il faut des repas sains , réguliers et proportionnés à cette perte ; sans cela , le corps le plus robuste tomberait bientôt dans un état de langueur, et périrait.

Le premier, comme le plus essentiel des besoins de l'homme , est donc une nourriture prise avec raison ; et pour l'obtenir , il faut remplir des devoirs qu'on peut regarder comme une source d'occupations salutaires , et d'amusemens innocens.

Tout porte à croire que les premiers hommes vivaient principalement des productions spontanées de la terre , ou du produit de la chasse. Quand ces moyens diminuèrent , ils se virent réduits à la nécessité de manger des insectes , des reptiles et

d'autres

d'autres animaux dégoûtans, dont la vue seule était capable de faire horreur. Lorsqu'il survenait des famines (fléau qui n'arrivait que trop souvent), des hommes se sont vus poussés à l'affreuse nécessité de s'entre-dévorer (1). Heureusement ces tems sont loin de nous. Heureusement aussi pour l'homme, il a bien des moyens de pourvoir à sa subsistance ; et l'application, jointe à l'industrie, peut les multiplier à l'infini. L'un des plus grands avantages de la vie sociale, c'est que, dans un état civilisé, tous les membres qui le composent, sont plus à portée de se procurer une nourriture également répartie, que ne le sont ceux qui vivent dans un état sauvage.

2°. *Le vêtement.* Après la nourriture, le vêtement est le besoin le plus essentiel à l'homme. Il est vrai que, dans quelques pays, les habitans ont la coutume d'aller nus, et de regarder comme inutiles et embarrassans les habits que portent les autres hommes. Quel que soit l'usage dans certains climats favorisés, il n'en est pas moins vrai que, sur la plus grande partie du globe, soit à cause du froid, ou de la variété des saisons, soit par habitude, l'habillement

---

(1) Voyez l'origine des lois par Goquet, volume premier, pages 77 et 79, et les différens auteurs qu'il a cités : vous y trouverez des preuves convainquantes de tout ce qui est dit ci-dessus.

L

est nécessaire , non-seulement comme objet de dé-
cence, mais aussi comme un moyen de protection ,
à cause de l'extrême délicatesse de la peau. Si,
comme la brute , l'espèce humaine était pourvue
d'une couverture naturelle , elle ne serait pas propre
à vivre dans les différens climats de la terre ; et les
hommes, au moyen d'une infinité d'objets , ont la
facilité de varier leur habillement suivant leur pays ,
et chaque individu , suivant sa condition et son
plaisir.

3°. *L'habitation.* C'est au rang des jouissances
naturelles qu'on peut placer , avec raison, celle
d'être logé. Depuis le lion majestueux jusqu'à
l'humble lapin , tous les animaux cherchent dans
des trous, dans des terriers ou des cavernes, un
abri contre l'intempérie des saisons, et les dangers
auxquels eux et leurs petits se trouvent exposés ,
par les attaques de leurs ennemis, sur-tout quand
ils sont malades ou endormis.

C'est, sans doute, à de semblables appréhensions
que l'homme est redevable d'avoir connu la nécessité d'un abri. Les creux des rochers et les cavernes ,
ouvrage de la nature , auront bientôt été occupés :
de-là l'idée de fabriquer , dans le fond des forêts ,
des retraites assurées ; de-là l'origine des premières
huttes faites de bois, de terre ou de pierre : et par

un avancement progressif , on aura construit ces cabanes agréables , ces demeures champêtres , élégantes et hospitalières ; on aura élevé ces palais somptueux et magnifiques ; on aura trouvé dans les demeures , non pas simplement un refuge contre les intempéries des saisons , et un asile sûr pendant les maladies et les heures de repos , mais toutes les commodités et tous les avantages possibles , sur-tout ceux de faire usage des comestibles , article de première necessité , puisque c'est par le moyen du feu que les vivres sont préparés et deviennent meilleurs , que les objets d'habillement sont perfectionnés ; et que les maisons échauffées et purifiées , offrent aux hommes des habitations salubres et agréables.

IIème. DOUCEURS DE LA VIE SOCIALE.

Il est évident que l'homme a été formé pour la société. Le don de la parole, les avantages qu'il tire de l'assistance d'autrui , les effets étonnans que peut produire une combinaison de forces et de talens ; tout prouve la nécessité et les heureux effets de l'union qui est assurément la source des plus grandes jouissances dont l'homme soit susceptible. Parmi ces jouissances , les plus importantes sont celles qui proviennent ,

1°. Des liaisons de familles et d'amitié ;

2°. Du mariage , ou de l'union des deux sexes ;

3°. De la jouissance des propriétés ;

4°. Des occupations utiles ;

5°. Des institutions politiques.

1°. *Liaisons de familles et d'amitié.* Le premier avantage social dont je parlerai , est celui que font naître les liaisons de familles et d'amitié. Ces deux liens se ressemblent tellement , que je ne mets entre eux presque point de différence. On tâchait autrefois d'inspirer aux hommes des sentimens d'amitié , parce qu'on formait plutôt des citoyens pour l'Etat , que des membres de quelques familles ; mais comme l'a fort bien observé un excellent moraliste (Johnson), « La parenté crée des amis ». On ne saurait trop inculquer les sentimens d'affection pour les pères et mères , pour les frères et sœurs , et les autres proches parens , en ne considérant même ces sentimens que comme un devoir utile , sous les rapports de la société. Cette affection néanmoins n'est pas incompatible avec une estime particulière , et ne nuit en rien à l'amitié que l'on porte à d'autres personnes , avec lesquelles on n'est lié que par attachement réciproque , fruit d'une connaissance formée dès les premières années de l'enfance, d'une même éducation, d'une communication nécessitée par les affaires, des mêmes goûts, ou d'une similitude de caractères , etc.

2°. *Mariage.* De l'union des deux sexes dans le mariage, naît la seconde source des plaisirs de la vie sociale. Ses douceurs et ses jouissances sont bien supérieures à toutes celles que peuvent produire la parenté et l'amitié. Entre parens et amis, une division d'intérêt peut causer des jalousies et des disputes ; mais quand le mariage est bien assorti, il ne peut y en avoir entre deux époux qui sont unis d'une manière indissoluble. C'est dans cette union seule qu'on apprend à goûter ces plaisirs délicieux qui résultent de la tendresse paternelle ; en voyant croître sous ses yeux, et par ses soins, de nouveaux êtres, on contracte l'importante obligation de les former à remplir les devoirs auxquels tôt ou tard ils seront appelés.

Les avantages innombrables attachés à cette liaison, sont tels que les plus grands hommes d'Etat ont, dans tous les tems, considéré le mariage comme la base fondamentale la plus sûre de la force publique, ainsi que du bonheur social, et qu'ils l'ont toujours mis sous la protection des lois (1).

---

(1) A Athènes, on avait pour le mariage un si grand respect, qu'il fallait être engagé dans ses liens, pour remplir les charges de commandant, d'orateur, et celles qui exigeaient la confiance publique. Sous le règne d'Auguste, les lois contre le célibat étaient extrêmement sévères.

3o. *Propriétés*. C'est l'union sociale qui a fait
naître les propriétés ; c'est elle qui en assure la jouissance, et l'on peut dire que c'est un de ses plus
grands avantages. Si l'on n'eût point confirmé le
droit de propriété, on eût brisé tous les ressorts de
l'activité, et les aiguillons de l'industrie et du travail.

En effet, quel est celui qui aurait pensé à cultiver
la terre, pour se nourrir de ses productions, à rechercher les différens objets nécessaires à son vêtement, à se bâtir une cabane et toutes ses commodités, si, au lieu de jouir paisiblement de la propriété
qu'il acquérait par son travail, et du droit d'en disposer à sa volonté, il les voyait devenir la proie de
quelque entreprenant aventurier ? Le droit de propriété est le grand mobile de la société. Dès qu'il fut
établi sur des bases fixes, on reconnut bientôt « que
» lorsqu'une partie des membres de la société
» travaille à l'acquisition des besoins de tous, les
» autres peuvent employer leur loisir à orner l'es-
» prit de leurs semblables, à inventer les arts utiles,
» et à jeter les fondemens des sciences. »

4°. *Occupations utiles*. Une autre source d'agré-
mens dans la vie sociale, est celle qui provient de
l'industrie et de l'exercice de quelque occupation
utile. Agir est un besoin pour l'homme ; il se trou-

verait à plaindre moralement et physiquement, si son
esprit et son corps n'étaient pas en activité. Les
membres d'une communauté commencent-ils à multiplier ? On doit voir multiplier aussi les genres d'occupations, pour que tout le monde ait un revenu
suffisant, tant pour soi-même que pour élever de
nouveaux membres à l'Etat. Dans une grande société, les soins des uns sont dévoués à l'approvision-
nement des vivres, aux moyens de faire les habille-
mens et les habitations ; ceux des autres, à la ma-
gistrature et aux sciences ; d'autres prennent le soin
de défendre leur patrie, soit sur terre ou sur mer :
d'autres, enfin, commercent avec l'étranger des articles de toute espèce, à l'usage de leur pays, ou des
nations étrangères. Il ne faut pas non plus considérer
comme inutiles, ces professions qui doivent leur origine au rafinement et au luxe d'une nation, telles
que celles qui ne contribuent qu'au divertissement
du peuple. L'esprit de l'homme, ainsi que son corps,
ne sauraient être continuellement en action ; il leur
faut, à l'un et à l'autre, quelques momens de relâche
et de plaisir. Pense-t-on qu'un goût modéré pour la
musique, les spectacles et les beaux-arts, ne soit pas
d'une grande utilité pour une société civilisée ? C'est
une erreur que quelques écrivains ont voulu propager ; mais, sans ces professions et ces arts de luxe,
quelle cité pourrait fournir à ses nombreux habitans,
des moyens de subsistance ?

5°. *Institutions politiques.* C'est dans les institutions politiques, dans la sécurité et les autres avantages qui en résultent, que se trouve la dernière source des jouissances de la vie sociale.

On peut compter parmi les différens avantages politiques, le bonheur qui provient de l'exécution des devoirs imposés aux membres de l'Etat. Ces devoirs sont d'accoutumer les peuples à l'obéissance, et de les y maintenir ; de défendre le pays contre ses ennemis ; de réprimer les séditions ; d'encourager et récompenser le merite ; d'exercer la bienfesance : enfin, de s'acquitter, de leur mieux, de tous les autres devoirs que leur impose la situation dans laquelle ils se trouvent. Doit-on élire des magistrats ? Il faut choisir les hommes les plus capables de défendre les intérêts de la patrie. Est-on soi-même revêtu de quelque emploi dans le gouvernement? On doit avoir constamment en vue ce grand objet.

On peut considérer en général, comme sujet à beaucoup d'inconvéniens, les devoirs politiques, néanmoins, à cause de leur nature même, ils sont l'objet des vœux les plus chers de ces esprits ardens et ambitieux, qui se proposent moins de jouir d'un bonheur pur et véritable, que de satisfaire leur orgueil par un étalage de supériorité et d'autorité sur leurs semblables : c'est à cette idole qu'on offre des sacrifices.

Le bonheur parfait ne saurait se trouver chez une

nation où les intrigues politiques, et la soif du pouvoir, sont le mobile de toutes les actions (1).

Dans de pareilles circonstances, non-seulement la
paix et l'harmonie d'un peuple sont troublées par
des factions ; mais il est, en quelque sorte, de l'intérêt d'une partie de la communauté, d'entretenir le
reste dans un état d'inquiétudes et d'alarmes, de le
diviser en factions, souvent de donner à celles-ci
des armes pour combattre les autres, et peut-être,
en dernier lieu, d'avoir recours au triste expédient
d'employer des troupes étrangères, pour aller plus
vîte à ses fins.

Il n'est cependant pas inutile, dans tous les pays,
et sur-tout dans ceux qui sont libres, de s'occuper,
jusqu'à un certain point, de politique ; mais si elle
produit *l'esprit de parti*, les avantages qui ont leur
source dans ces institutions, doivent diminuer infiniment : et malheur à la nation qui se voit en proie
à ce fléau destructeur !

---

(1) A-t-on jamais vu de guerres plus absurdes, que celles qui,
pendant tant d'années, ont troublé l'Angleterre, pour déterminer entre la maison d'Yorck et de Lancastre, le droit de régner
dans cette île. La révolution offre un cas bien différent ; il s'a-
gissait alors d'y confirmer le despotisme, ou d'y établir la
liberté.

IIIème. LES PLAISIRS DE L'ESPRIT.

La dernière et la plus grande source des jouis-sances de l'homme, consiste dans l'exercice de ses facultés intellectuelles, et dans les plaisirs que lui offrent les devoirs de la religion et de la morale.

Que l'on réfléchisse mûrement sur l'étendue des jouissances dont l'homme est susceptible ; on ne saurait douter que la raison et l'imagination ne lui ayent été données dans des vues plus nobles, que celle de les faire servir à ses plaisirs physiques ; et que le plus précieux de ses attributs, ne soit la raison, qu'il a seul en partage : n'est-ce pas elle qui le distingue des autres animaux ? Et sans cette raison perfection-née, que serait-il ? Sujet à des besoins auxquels il ne saurait pourvoir ; il perdrait des avantages que rien ne pourrait compenser ; puisqu'au sein même des plaisirs de tout genre, il éprouve encore du vide.

Il est donc essentiel à son bonheur, que son esprit soit cultivé par une bonne éducation : il faut, suivant la sphère où il doit agir, que chaque individu puisse prendre part aux plaisirs que la raison procure à l'es-pèce humaine.

Il est impossible de les posséder tous : le plus heu-reux est celui qui en a la plus grande portion ; et la nation, chez qui se trouve le plus grand nombre

d'individus heureux, est celle qui est la mieux gouvernée.

Considérons maintenant quels sont les moyens les
plus propres à généraliser, autant que possible, les
jouissances de la vie sociale.

Quand un gouvernement éclairé et bienfesant veut
augmenter le bonheur d'un pays, dont les plus chers
intérêts lui sont confiés, il ne peut atteindre au but
de ses désirs, sans des recherches étendues et labo-
rieuses sur l'état de ce pays, et sur les moyens de le
perfectionner. Supposons les moyens une fois re-
cueillis, il serait à désirer qu'on les classât à-peu-
près dans l'ordre suivant.

La première partie traiterait des relations géographiques d'un pays, telles que sa situation, son étendue, son sol, son climat, ses divisions, ses avantages naturels et artificiels, et d'autres points d'une
semblable nature.

La seconde partie aurait pour objet de déterminer
la population d'un pays. Il faudrait en comparer
l'état actuel avec les états précédens ; expliquer les
causes de son augmentation ou diminution, dans
les différens districts ; faire un tableau des diverses
classes du peuple, selon leur sexe, leur âge, leur
profession, etc., etc.

En troisième lieu, il serait nécessaire de connaître
les moyens de subsistance du peuple, jusqu'où il porte

l'agriculture, les pêcheries, les manufactures et le commerce : quelles sont ses sources extraordinaires de revenus.

Il serait encore essentiel de connaître les lois, et la manière dont elles sont exécutées : comment est gouverné le peuple, et quels remèdes à apporter aux vices d'un mauvais gouvernement ; quelle est la source du revenu public ; l'état des hôpitaux : enfin, quelles sont les institutions propres à l'éducation de la jeunesse, et à d'autres objets publics, tels que le langage du peuple, les arts et les sciences qu'il cultive, ses mœurs, ses manières, ses coutumes, etc.

Supposant donc, comme on l'a déjà dit, que ces particularités importantes soient recueillies dans un rapport fait d'après des données justes ; et exposées aux yeux d'un gouvernement sage et bienfesant, ne lui fourniraient-elles pas les meilleurs moyens de faire prospérer l'état, et d'augmenter les jouissances du peuple ?

Bien pénétré des avantages qu'on peut tirer des recherches *statistiques*, d'après les principes ci-dessus développés, l'auteur s'est engagé dans une correspondance longue et étendue, avec un corps très-respectable, le clergé de l'église écossaise. Ses ministres lui ont fourni, sans en excepter un seul village, une description détaillée et particulière des différens districts où ils vivaient. Une collection aussi étendue de recherches et d'informations, dans laquelle il pourra toujours puiser à volonté, lui fournira les moyens de préparer un état de la Bretagne septentrionale, d'après lequel on pourra juger de l'avantage qu'on peut retirer de semblables renseignemens.

Heureux, dit l'auteur, si mon travail peut contribuer a l'amélioration du pays qui m'a vu naître ; plus heureux encore, s'il offre à d'autres nations un exemple à imiter, et s'il donne pour résultat une plus grande perfection dans l'organisation sociale !

Il ne me reste plus qu'à ajouter, que ce n'est qu'à cette méthode d'établir des faits, qui caractérise les tems actuels, qu'on est redevable de ces grands progrès dans les différentes branches d'arts et de sciences.

Depuis qu'on ne s'arrête plus à une théorie visionnaire, mais qu'on s'appuie sur une base solide de recherches et d'expériences, on a porté les sciences et les arts à un degré de perfection, dont anciennement on ne les croyait pas même susceptibles. C'est en suivant la même marche dans la politique, en analysant l'état réel de l'espèce humaine, en examinant scrupuleusement la formation intérieure de la société, qu'on peut perfectionner la science de gouverner. Il résulterait de ces recherches, que chaque individu d'un grand Etat, jouirait de tout le bonheur dont est susceptible l'imperfection de la nature de l'homme.

Voici le plan de l'ouvrage à exécuter, si quelques circonstances n'y mettent point d'obstacles (1).

TITRE.

Recherches sur l'état de l'Ecosse, et sur les moyens de le perfectionner, accompagnées d'observations sur la nature et les principes des recherches Statistiques ; d'après les rapports des ministres des différentes paroisses , et des autres personnes autorisées à les transmettre.

CONTENU.

PLAN DE L'OUVRAGE, qui renferme des observations sur la nature et les principes des recherches *Statistiques* , et sur les avantages qui peuvent en résulter.

INTRODUCTION. — Esquisse de l'histoire de l'Ecosse, et comparaison de sa situation pendant trois périodes distinctes ; savoir : 1°. comme royaume indépendant ; 2°. comme gouvernée avec l'Angleterre par le même roi , mais conservant son parlement ; et 3°. comme incorporé à l'Angleterre.

_____

(1) Nous le donnons ici comme un excellent modèle à suivre.

PREMIÈRE PARTIE.

ÉTAT GÉOGRAPHIQUE DE L'ÉCOSSE.

SECTION PREMIÈRE. Description générale de l'Ecosse ; sa situation, son étendue, etc.

SECT. II. Divisions géographiques de l'Ecosse ; esquisse descriptive de chacune.

SECT. III. Divisions civiles, politiques et ecclésiastiques de l'Ecosse.

SECT. IV. Avantages et désavantages naturels et accidentels de l'Ecosse.

DEUXIÈME PARTIE.

POPULATION DE L'ÉCOSSE.

SECTION PREMIÈRE. Etat ancien de la population de l'Ecosse.

SECT. II. Etat actuel ; son augmentation et sa diminution dans ses différens districts, et les causes de ses changemens.

SECT. III. Etat de la capitale.

SECT. IV. Habitans des villes.

SECT. V. ———— des villages.

SECT. VI. ———— de la campagne.

TROISIÈME PARTIE.

SOURCES DES MOYENS DE SUBSISTANCE, POUR LES INDIVIDUS.

QUATRIÈME

QUATRIÈME PARTIE.

LOIS ET ÉTABLISSEMENS PUBLICS EN ÉCOSSE.

CINQUIÈME PARTIE.

ARTICLES MÉLANGÉS DE RECHERCHES.

M

Section III. Sciences, et institutions pour les perfectionner.

Sect. IV. Grands hommes.

Sect. V. Mœurs, coutumes, etc.

Sect. VI. Antiquités.

CONCLUSION.

MOYENS DE PERFECTIONNEMENT.

Section première. Intérêts de l'Ecosse, tant externe qu'interne.

Sect. II. Mesures propres à améliorer le territoire de l'Ecosse.

Sect. III. Moyens de rendre ses pêcheries plus avantageuses.

Sect. IV. Moyens d'améliorer la situation et la condition de ses habitans.

APPENDIX.

N⁰. 1. Etat historique des recherches *Statistiques*, celles de l'Ecosse comprise.

N⁰. 2. Tables *Statistiques*, avec des preuves et des exemples tirés de l'état *statistisque* général de l'Ecosse, et d'autres parts.

Pour compléter un ouvrage tel que celui que nous venons d'esquisser, comprenant toute espèce de

(179)

sciences intéressantes à l'homme, un ouvrage qui exige la lecture de toutes les nouvelles publications où l'on traite des différens sujets qu'il renferme, il faudrait des années de méditations et de travail.

Doit-on, d'après cela, s'étonner si l'on hésite à s'embarquer dans une entreprise aussie hardie, dont l'exécution, telle qu'elle devrait s'accomplir, rencontrerait beaucoup d'obstacles, parmi lesquels il s'en trouve qui sont presque insurmontables.

F I N.

TABLE
DES MATIÈRES

Contenues dans ce Volume.

Pag.

FIN DE LA TABLE.

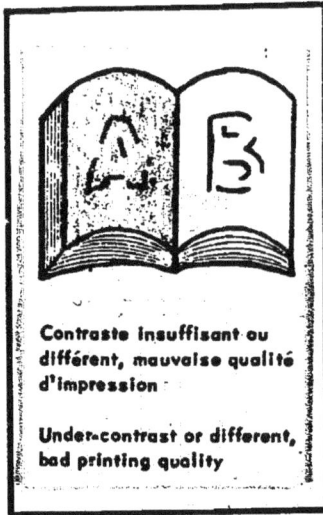

Contraste insuffisant ou
différent, mauvaise qualité
d'impression

Under-contrast or different,
bad printing quality

www.ingramcontent.com/pod-product-compliance
Lightning Source LLC
Chambersburg PA
CBHW061018280326
41935CB00009B/1009